(사)한국어문회 주관 | 교육급수

한자능력 검정시험

4급II

기출·예상 문제집

배정한자 ➕ 기출문제 완벽 반영!
예상문제 13회 ➕ 기출·예상문제 5회 수록!

- 한자어의 이해와 활용능력을 길러주기 위한 다양한 유형의 문제 수록
- 본 시험과 같은 유형의 기출·예상문제 수록
- 실제 시험처럼 연습할 수 있는 답안지 수록

한자능력검정시험 4급II 기출·예상문제집

머리말

　문자는 언어를 체계화하여 인간의 내면세계를 구체화하고 서술하는 데에 필요한 도구이다. 따라서 한 나라의 문자 정책은 그 나라의 이상과 추구를 구체화하며 아울러 세계 인류의 의식세계를 교류하는 데에 가교架橋 역할을 한다.

　지금 우리나라는 문자 정책의 혼선으로 말미암아 어문 교육 정책은 실마리를 찾지 못하고 있으며, 사회 각처에서의 언어적 무가치와 무분별한 외래어 남용을 해소할 수 없어 내 나라 내 글인 한국어의 우수성을 저버리고 있다.

　새삼 한국어의 구성을 강조하지 않더라도 한국어는 한자와 한글로 구성되었음은 누구나 아는 사실이다. 특히 그 구성에 있어서 한자 어휘가 약 70% 이상을 차지하고 있으므로 한자와 한글을 따로 떼어서 교육하려는 것은 굴대에서 바퀴가 빠진 수레를 몰고자하는 것과 같다. 그럼에도 불구하고 학자들 간의 이권利權으로 말미암아 어문 정책이 양분되어 논쟁을 벌이는 것은 불필요한 지식 소모에 지나지 않는다.

　이로 인하여 (사)한국어문회에서는 우리글인 한국어를 올바로 인식시키고, 고급 지식의 경제 생산을 이룩하기 위하여 초등학생부터 일반인에 이르기까지 '한자능력검정시험'을 시행하고 있다. 매년 수험생이 증가하고 있어 다행한 일이라 여겨지기는 하나 전국민이 학교의 의무 교육으로부터 올바른 한국어 교육을 받을 수 있도록 정책을 세우는 것보다는 못할 것이다.

　한편 사회 각처에서 국한國漢혼용의 필요성이 대두되면서 한자교육학회의 난립과 한자검정시험이 난무하고 있어, 오랜 세월 학자들이 주장해온 국한 혼용의 본래 취지와 한국어 교육의 참뜻을 저해할까 두려운 마음이 앞선다.

　다행히 무분별한 외래문화의 수용 속에서 우리 것을 바로 알고 지켜나가는 (사)한국어문회가 어문 정책의 일환으로 추진하는 '한자능력검정시험'이 꾸준히 뿌리를 내리고 있어 한결 마음 뿌듯하며, 한국어 학습자와 수험생에게 조금이나마 보탬이 되고자 이 책을 펴낸다.

원 기 출

차례

시작
하기 전에

01 본 문제집은 급수별 시험에 대비하는 학생이나 사회인이 한자어의 이해와 활용 능력을 기르는 데에 도움이 되도록 엮은 것이다.

02 본 문제집은 (사)한국어문회에서 주관하고 한국한자검정회에서 시행하는 한자능력검정시험의 출제유형에 따라 예상문제와 기출·예상문제를 구성한 것이다.

03 본 문제집은 한자능력검정시험과 같이 문제지와 답안지를 별도로 수록하여, 본 시험에 대비해 보다 실전에 가까운 체험을 할 수 있도록 꾸며졌다.

04 본 문제집은 먼저 답안지에 1차 답안을 작성하여 채점한 후에 틀린 부분을 문제지에서 다시 풀어 볼 수 있도록 구성하였다.

05 본 문제집의 예상문제는 출제기준에 따라 각 급수에 배정된 한자의 범위 안에서 엮은 것으로, 본 시험에 가깝게 난이도를 조정하였으며 별도로 정답과 해설을 수록하여 문제의 이해를 높이려고 하였다.

06 (사)한국어문회에서 주관하고 한국한자검정회에서 시행하는 한자능력검정시험은, 급수별로 8급(50자) / 7급Ⅱ(100자) / 7급(150자) / 6급Ⅱ(225자) / 6급(300자) / 5급Ⅱ(400자) / 5급(500자) / 4급Ⅱ(750자) / 4급(1,000자) / 3급Ⅱ(1,500자) / 3급(1,817자) / 2급(2,355자) / 1급(3,500자) / 특급Ⅱ(4,918자) / 특급(5,978자) 등에 배정된 한자의 범위에서 출제되고 있어서 국내 여러 한자검정시험 중 급수별로 가장 많은 배정한자를 지정하고 있다.

07 한자 관련 시험의 종류로는 (사단법인)한국어문회에서 주관하고 한국한자능력검정회에서 시행하는 한자능력검정시험과 국내 각종 한자자격시험 및 한자경시대회 등이 있다.

✓ 상위급수 한자는 모두 하위급수 한자를 포함하고 있습니다.

✓ 쓰기 배정 한자는 한두 급수 아래의 읽기 배정한자이거나 그 범위 내에 있습니다.

✓ 공인급수는 특급 ~ 3급II이며, 교육급수는 4급 ~ 8급입니다.

✓ 출제기준표는 기본지침자료로서, 출제자의 의도에 따라 차이가 있을 수 있습니다.

✓ 급수는 특급, 특급II, 1급, 2급, 3급, 3급II, 4급, 4급II, 5급, 5급II, 6급, 6급II, 7급, 7급II, 8급으로 구분합니다.

구분	특급	특급II	1급	2급	3급	3급II	4급	4급II	5급	5급II	6급	6급II	7급	7급II	8급
독음	45	45	50	45	45	45	32	35	35	35	33	32	32	22	24
한자쓰기	40	40	40	30	30	30	20	20	20	20	20	10	0	0	0
훈음	27	27	32	27	27	27	22	22	23	23	22	29	30	30	24
완성형(成語)	10	10	15	10	10	10	5	5	4	4	3	2	2	2	0
반의어(相對語)	10	10	10	10	10	10	3	3	3	3	3	2	2	2	0
뜻풀이	5	5	10	5	5	5	3	3	3	3	2	2	2	2	0
동음이의어	10	10	10	5	5	5	3	3	3	3	2	0	0	0	0
부수	10	10	10	5	5	5	3	3	0	0	0	0	0	0	0
동의어(類義語)	10	10	10	5	5	5	3	3	3	3	2	0	0	0	0
약자	3	3	3	3	3	3	3	3	3	0	0	0	0	0	0
장단음	10	10	10	5	5	5	0	0	0	0	0	0	0	0	0
한문	20	20	0	0	0	0	0	0	0	0	0	0	0	0	0
필순	0	0	0	0	0	0	0	0	3	3	3	3	2	2	2
출제문항(計)		200			150			100			90	80	70	60	50
합격문항		160			105			70			63	56	49	42	35
시험시간(분)	100	90		60						50					

● 한자능력검정시험은 《(사)한국어문회》가 주관하고, 《한국한자능력검정회》가 1992년 12월 9일 전국적으로 시행하여 현재에 이르기까지 매년 시행하고 있는 국내 최고의 한자자격시험입니다. 또한 시험에 합격한 재학생은 내신 반영은 물론, 2000학년부터 3급과 2급 합격자를 대상으로 일부 대학에서 특기자 전형 신입생을 선발함으로써 더욱 권위있고 의미있는 한자자격시험으로 인정받고 있습니다.

● 《(사)한국어문회》는 1992년 6월 22일에 문화부 장관 인가로 발족하고, 그 산하에 《한국한자능력검정회》를 두고 있습니다.

● 한자능력검정시험은 국어의 전통성 회복과 국어 생활을 바르게 하는 데에 그 목적이 있습니다. 따라서 시험에 출제되는 내용은 교과서·교양서적·논고 등에서 출제될 것입니다.

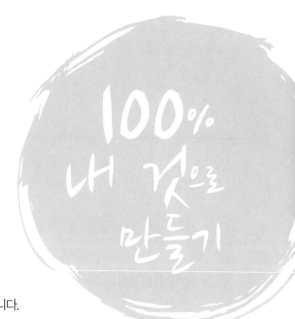

이 책은 '한자능력검정시험'에 대비하여 자신이 그동안 공부한 것을 평가하고, 자신에게
부족한 것이 무엇인가를 확인할 수 있도록, 시험 출제 가능성이 큰 내용을 위주로 엮은 것입니다.
아래의 길라잡이는 수험생이 자기 실력을 향상시키는 데에 도움이 될 수 있는 요점을 정리한 것이니, 이 책을
학습하기 전에 꼭 읽어보도록 하세요.

✓ **문제 풀이하기**   시험지가 몇 회인지, 시험 시간과 출제 문항수를 확인하고, 문제지 뒤에 붙어있는 답안지를 오려서 문제 번호를 확인하며
답안을 작성합니다.

✓ **정답 및 해설 확인하기**   시험을 마친 후에는 정답의 번호를 확인하며 답안지에 틀린 것을 표시합니다. 그런 다음에는 틀린 문제의 해
설을 확인하고 오답의 이유가 무엇이었는지를 알아야 합니다.

✓ **학습 효과 높이기**   틀린 문제를 공책에 별도로 적어두었다가 반복하여 쪽지 시험으로 확인하면 학습의 효과를 높일 수 있습니다.

✓ **자신의 실력을 인정하기**   문제를 풀이한 후에 점수가 70점이 넘지 않은 수험생은 기초가 튼튼하지 못하다는 것을 스스로 인정하고, 문
제집 앞에 수록된 배정한자, 반의어, 유의어, 한자성어 등을 학습하여야 합니다. 기초가 튼튼하지 않으면 공부를 해도 실력이 향상되지 않기
때문입니다.

✓ **기초 튼튼 다지기**   먼저 불투명한 종이로 배정한자의 훈과 음을 가리고 한자만을 보고 훈과 음을 읽는 연습을 합니다. 그런 다음에는 한자
를 가리고 훈과 음만을 보고 한자 쓰기 연습을 합니다.
무엇보다 자신의 실력을 인정하고 부족한 것부터 채워가는 노력이야말로 최고의 학습 방법입니다.

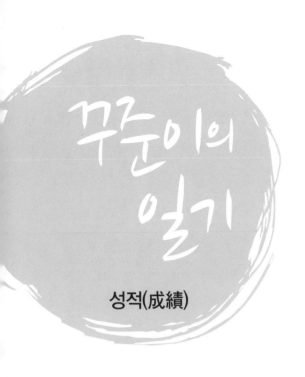

꾸준이의 일기

성적(成績)

오늘은 한자 시험을 치르는 날이었다.

"70점만 받으면 합격이다!" 그 정도 점수를 얻는 것은 그렇게 어려울 것 같지 않았다.

하지만 선생님께서 "성적은 쌓는 것이 아니라, 천을 짜는 것과 같은 것이다."라고 하신 말씀이 생각났다.

오늘 점수 50점과 내일 점수 50점을 합친다고 해서 온전한 100점이 될 수 있는 것이 아니라는 말씀이셨다.

예를 들어, 100점이 '옷 한 벌을 지을 수 있는 천을 짠 것'이라면 70점은 같은 수고를 했으면서도 '옷 한 벌을 온전하게 지을 수 없어서 나중에 30점을 더해도 누더기 옷을 지을 수밖에 없다'는 것이다.

"아, 100점으로 합격해서 멋진 옷을 만들어 입고 싶다!!"

✓ '성적(成績)'은 '이룰 성(成)'자와 '길쌈 적(績)'자로 이루어진 한자어입니다. '길쌈 적(績)'자와 '쌓을 적(積)'자를 구별하세요!

'길쌈'은 무슨 뜻일까요?

'길에서 싸운다'는 뜻입니다.

^^ '길쌈'은 '실을 내어 옷감을 짜는 일'을 뜻하는 말입니다. 그래서 '성적(成績)'은 '길쌈의 결과로 얻은 성과'를 뜻하는 말에서, '배운 지식이나 기능 따위를 평가한 결과'를 이르게 된 것입니다.

그러면 '쌓을 적(積)'자는 무엇을 뜻하는 글자인가요?

'積'자는 뜻을 전하는 '禾(벼 화)'자와 소리를 전하는 '責(꾸짖을 책)'자가 결합하여 '곡물이 많이 쌓여 있는 것'을 뜻합니다.

: 표는 長音, ，표는 長·短音 漢字임

8급 배정한자

教	가르칠	교:	攵 – 총11획
校	학교學校	교:	木 – 총10획
九	아홉	구	乙 – 총 2획
國	나라	국	口 – 총11획
軍	군사軍士/軍事	군	車 – 총 9획
金	쇠	금	
	성姓	김	金 – 총 8획
南	남녘	남	十 – 총 9획
女	계집	녀	女 – 총 3획
年	해	년	干 – 총 6획
大	큰	대，	大 – 총 3획
東	동녘	동	木 – 총 8획
六	여섯	륙	八 – 총 4획
萬	일만	만:	艸 – 총13획
母	어미	모:	毋 – 총 5획
木	나무	목，	木 – 총 4획
門	문	문	門 – 총 8획
民	백성百姓	민	氏 – 총 5획

白	흰	백	白 – 총 5획
父	아비	부	父 – 총 4획
北	북녘	북	
	달아날	배	匕 – 총 5획
四	넉	사:	口 – 총 5획
山	메	산	山 – 총 3획
三	석	삼	一 – 총 3획
生	날	생	
	낳을	생	生 – 총 5획
西	서녘	서	襾 – 총 6획
先	먼저	선	儿 – 총 6획
小	작을	소:	小 – 총 3획
水	물	수	水 – 총 4획
室	집	실	宀 – 총 9획
十	열	십	十 – 총 2획
五	다섯	오:	二 – 총 4획
王	임금	왕	玉 – 총 4획
外	바깥	외:	夕 – 총 5획
月	달	월	月 – 총 4획
二	두	이:	二 – 총 2획

人	사람	인	人 – 총 2획
日	날	일	日 – 총 4획
一	한	일	一 – 총 1획
長	긴	장，	長 – 총 8획
弟	아우	제:	弓 – 총 7획
中	가운데	중	丨 – 총 4획
靑	푸를	청	靑 – 총 8획
寸	마디	촌:	寸 – 총 3획
七	일곱	칠	一 – 총 2획
土	흙	토	土 – 총 3획
八	여덟	팔	八 – 총 2획
學	배울	학	子 – 총16획
韓	나라	한，	
	한국韓國	한，	韋 – 총17획
兄	형	형	儿 – 총 5획
火	불	화，	火 – 총 4획

※ 8급은 모두 50자입니다. 8급 시험에서 한자쓰기 문제는 출제되지 않습니다. 하지만, 8급 한자는 모든 급수의 기초가 되므로 많이 읽고 그 쓰임에 대하여 알아보는 것이 중요합니다.

7급Ⅱ 배정한자

家	집	가	宀 – 총10획
間	사이	간:	門 – 총12획
江	강	강	水 – 총 6획
車	수레	거	
	수레	차	車 – 총 7획
空	빌[虛空]	공	穴 – 총 8획
工	장인匠人	공	工 – 총 3획
記	기록할	기	言 – 총10획
氣	기운氣運	기	气 – 총10획
男	사내	남	田 – 총 7획
內	안	내:	入 – 총 4획
農	농사農事	농	辰 – 총13획
答	대답對答	답	竹 – 총12획
道	길	도:	
	말할	도:	辶 – 총13획
動	움직일	동:	力 – 총11획
力	힘	력	力 – 총 2획
立	설	립	立 – 총 5획
每	매양每樣	매:	母 – 총 7획
名	이름	명	口 – 총 6획
物	물건物件	물	牛 – 총 8획
方	모[四角]	방	方 – 총 4획
不	아닐	불	一 – 총 4획

事	일	사:	亅 – 총 8획
上	윗	상:	一 – 총 3획
姓	성姓	성:	女 – 총 8획
世	인간人間	세:	一 – 총 5획
手	손	수	手 – 총 4획
時	때	시	日 – 총10획
市	저자	시:	巾 – 총 5획
食	먹을	식	
	밥	사/식	食 – 총 9획
安	편안便安	안	宀 – 총 6획
午	낮	오:	十 – 총 4획
右	오를	우:	
	오른(쪽)	우:	口 – 총 5획
自	스스로	자	自 – 총 6획
子	아들	자	子 – 총 3획
場	마당	장	土 – 총12획
電	번개	전:	雨 – 총13획
前	앞	전	刀 – 총 9획
全	온전	전	入 – 총 6획
正	바를	정:	止 – 총 5획
足	발	족	足 – 총 7획
左	왼	좌:	工 – 총 5획
直	곧을	직	目 – 총 8획
平	평평할	평	干 – 총 5획

下	아래	하:	一 – 총 3획
漢	한수漢水	한:	
	한나라	한:	水 – 총14획
海	바다	해:	水 – 총10획
話	말씀	화	言 – 총13획
活	살[生活]	활	水 – 총 9획
孝	효도孝道	효:	子 – 총 7획
後	뒤	후:	彳 – 총 9획

※ 7급Ⅱ는 8급[50자]에 새로운 한자 50자를 더하여 모두 100자입니다. 7급Ⅱ에서 한자쓰기 문제는 출제되지 않습니다. 하지만, 7급Ⅱ에서 사용되는 한자는 앞으로 공부할 모든 급수에서 중요한 한자이므로 모두 쓸 수 있도록 학습하는 것이 좋습니다.

7급 배정한자

歌	노래	가	欠 – 총14획
口	입	구:	口 – 총 3획
旗	기	기	方 – 총14획
冬	겨울	동:	冫 – 총 5획
洞	골	동:	
	밝을	통:	水 – 총 9획
同	한가지	동	口 – 총 6획
登	오를[登增]	등	癶 – 총12획

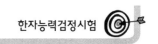

급수별 배정한자

來	올	래 `	人 – 총 8획
老	늙을	로 :	老 – 총 6획
里	마을	리 :	里 – 총 7획
林	수풀	림	木 – 총 8획
面	낯	면 :	面 – 총 9획
命	목숨	명 :	口 – 총 8획
文	글월	문	文 – 총 4획
問	물을	문 :	口 – 총11획
百	일백	백	白 – 총 6획
夫	지아비	부	大 – 총 4획
算	셈	산 :	竹 – 총14획
色	빛	색	色 – 총 6획
夕	저녁	석	夕 – 총 3획
所	바	소 :	戶 – 총 8획
少	적을[젊을]	소 :	小 – 총 4획
數	셈	수 `	
	자주	삭	攴 – 총15획
植	심을	식	木 – 총12획
心	마음	심	心 – 총 4획
語	말씀	어 :	言 – 총14획
然	그럴	연	火 – 총12획
有	있을	유 :	月 – 총 6획
育	기를	육	肉 – 총 8획

邑	고을	읍	邑 – 총 7획
入	들	입	入 – 총 2획
字	글자	자	子 – 총 6획
祖	할아비	조	示 – 총10획
住	살	주 :	人 – 총 7획
主	임금	주	
	주인主人	주	丶 – 총 5획
重	무거울	중 :	里 – 총 9획
地	땅[따]	지	土 – 총 6획
紙	종이	지	糸 – 총10획
川	내	천	巛 – 총 3획
千	일천	천	十 – 총 3획
天	하늘	천	大 – 총 4획
草	풀	초	艸 – 총10획
村	마을	촌 :	木 – 총 7획
秋	가을	추	禾 – 총 9획
春	봄	춘	日 – 총 9획
出	날	출	凵 – 총 5획
便	편할	편 `	※'편'만 장단음
	똥오줌	변	人 – 총 9획
夏	여름	하 :	夊 – 총10획
花	꽃	화	艸 – 총 8획
休	쉴	휴	人 – 총 6획

※ 7급은 7급Ⅱ[100자]에 새로운 한자 50자를 더하여 모두 150자입니다.
7급에서 한자쓰기 문제는 출제되지 않습니다. 하지만 7급에서 사용되는 한자는 앞으로 공부할 모든 급수에서 중요한 한자이므로 모두 쓸 수 있도록 학습하는 것이 좋습니다.

6급Ⅱ 배정한자

各	각각	각	口 – 총 6획
角	뿔	각	角 – 총 7획
計	셀	계 :	言 – 총 9획
界	지경地境	계 :	田 – 총 9획
高	높을	고	高 – 총10획
功	공[功勳]	공	力 – 총 5획
公	공평할	공	八 – 총 4획
共	한가지	공 :	八 – 총 6획
科	과목科目	과	禾 – 총 9획
果	실과實果	과 :	木 – 총 8획
光	빛	광	儿 – 총 6획
球	공	구	玉 – 총11획
今	이제	금	人 – 총 4획
急	급할	급	心 – 총 9획
短	짧을	단 `	矢 – 총12획
堂	집	당	土 – 총11획

代	대신할	대 : 人 – 총 5획	書	글	서 日 – 총10획	昨	어제	작 日 – 총 9획
對	대할	대 : 寸 – 총14획	線	줄[針線]	선 糸 – 총15획	作	지을	작 人 – 총 7획
圖	그림	도 囗 – 총14획	雪	눈	설 雨 – 총11획	才	재주	재 手 – 총 3획
讀	읽을	독	省	살필	성	戰	싸움	전 : 戈 – 총16획
	구절句節	두 言 – 총22획		덜	생 目 – 총 9획	庭	뜰	정 广 – 총10획
童	아이	동 ` 立 – 총12획	成	이룰	성 戈 – 총 7획	題	제목題目	제 頁 – 총18획
等	무리	등 : 竹 – 총12획	消	사라질	소 水 – 총10획	第	차례	제 : 竹 – 총11획
樂	즐길	락	術	재주	술 行 – 총11획	注	부을	주 : 水 – 총 8획
	노래	악	始	비로소	시 : 女 – 총 8획	集	모을	집 隹 – 총12획
	좋아할	요 木 – 총15획	神	귀신鬼神	신 示 – 총10획	窓	창	창 穴 – 총11획
理	다스릴	리 : 玉 – 총11획	身	몸	신 身 – 총 7획	淸	맑을	청 水 – 총11획
利	이할	리 : 刀 – 총 7획	信	믿을	신 : 人 – 총 9획	體	몸	체 骨 – 총23획
明	밝을	명 日 – 총 8획	新	새	신 斤 – 총13획	表	겉	표 衣 – 총 8획
聞	들을	문 ` 耳 – 총14획	藥	약	약 艸 – 총19획	風	바람	풍 風 – 총 9획
班	나눌	반 玉 – 총10획	弱	약할	약 弓 – 총10획	幸	다행多幸	행 : 干 – 총 8획
反	돌이킬	반 : 又 – 총 4획	業	업	업 木 – 총13획	現	나타날[現象]	현 : 玉 – 총11획
半	반	반 : 十 – 총 5획	勇	날랠	용 : 力 – 총 9획	形	모양	형 彡 – 총 7획
發	필	발 癶 – 총12획	用	쓸	용 : 用 – 총 5획	和	화할	화 口 – 총 8획
放	놓을	방 ` 攴 – 총 8획	運	옮길	운 : 辶 – 총13획	會	모일	회 : 日 – 총13획
部	떼[部類]	부 邑 – 총11획	音	소리	음 音 – 총 9획			
分	나눌	분 ` 刀 – 총 4획	飮	마실	음 ` 食 – 총13획			
社	모일	사 示 – 총 8획	意	뜻	의 : 心 – 총13획			

※ 6급Ⅱ는 7급[150자]에 새로운 한자 75자를 더한 225자입니다.
단, 6급Ⅱ에서의 한자쓰기 문제는 8급[50자]에서 출제됩니다.

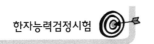

6급 배정한자

感	느낄	감:	心 – 총13획
強	강할[強=强]	강·	弓 – 총11획
開	열	개	門 – 총12획
京	서울	경	亠 – 총8획
苦	쓸[味覺]	고	艸 – 총9획
古	예	고:	口 – 총5획
交	사귈	교	亠 – 총6획
區	구분할	구	
	지경地境	구	匸 – 총11획
郡	고을	군:	邑 – 총10획
近	가까울	근:	辶 – 총8획
根	뿌리	근	木 – 총10획
級	등급等級	급	糸 – 총10획
多	많을	다	夕 – 총6획
待	기다릴	대:	彳 – 총9획
度	법도法度	도·	
	헤아릴	탁	广 – 총9획
頭	머리	두	頁 – 총16획
例	법식法式	례:	人 – 총8획
禮	예도禮度	례:	示 – 총18획
路	길	로:	足 – 총13획

綠	푸를	록	糸 – 총14획
李	오얏	리:	
	성姓	리:	木 – 총7획
目	눈	목	目 – 총5획
米	쌀	미	米 – 총6획
美	아름다울	미·	羊 – 총9획
朴	성姓	박	木 – 총6획
番	차례	번	田 – 총12획
別	다를	별	
	나눌	별	刀 – 총7획
病	병	병:	疒 – 총10획
服	옷	복	月 – 총8획
本	근본根本	본	木 – 총5획
死	죽을	사:	歹 – 총6획
使	하여금	사:	
	부릴	사:	人 – 총8획
石	돌	석	石 – 총5획
席	자리	석	巾 – 총10획
速	빠를	속	辶 – 총11획
孫	손자孫子	손·	子 – 총10획
樹	나무	수	木 – 총16획
習	익힐	습	羽 – 총11획
勝	이길	승	力 – 총12획

式	법法	식	弋 – 총6획
失	잃을	실	大 – 총5획
愛	사랑	애·	心 – 총13획
野	들[坪]	야:	里 – 총11획
夜	밤	야:	夕 – 총8획
陽	볕	양	阜 – 총12획
洋	큰바다	양	水 – 총9획
言	말씀	언	言 – 총7획
永	길	영:	水 – 총5획
英	꽃부리	영	艸 – 총9획
溫	따뜻할	온	水 – 총13획
園	동산	원	口 – 총13획
遠	멀	원:	辶 – 총14획
油	기름	유	水 – 총8획
由	말미암을	유	田 – 총5획
銀	은	은	金 – 총14획
衣	옷	의	衣 – 총6획
醫	의원醫院/醫員	의	酉 – 총18획
者	놈	자	老 – 총9획
章	글	장	立 – 총11획
在	있을	재:	土 – 총6획
定	정할	정:	宀 – 총8획
朝	아침	조	月 – 총12획

族	겨레	족	方 – 총11획	格	격식 格式	격	木 – 총10획
晝	낮	주	日 – 총11획	見	볼	견:	
親	친할	친	見 – 총16획		뵈올	현:	見 – 총 7획
太	클	태	大 – 총 4획	決	결단할	결	水 – 총 7획
通	통할	통	辶 – 총11획	結	맺을	결	糸 – 총12획
特	특별할	특	牛 – 총10획	敬	공경 恭敬	경:	攵 – 총13획
合	합할	합		告	고할	고:	口 – 총 7획
	홉	홉	口 – 총 6획	課	공부할	과	
行	다닐	행▶※'행'만 장단음			과정 課程	과▶	言 – 총15획
	항렬 行列	항	行 – 총 6획	過	지날	과:	辶 – 총13획
向	향할	향:	口 – 총 6획	關	관계할	관	門 – 총19획
號	이름	호▶	虍 – 총13획	觀	볼	관	見 – 총25획
畫	그림	화: ※'화'만 장음		廣	넓을	광:	广 – 총15획
	그을[劃]	획	田 – 총13획	具	갖출	구▶	八 – 총 8획
黃	누를	황	黃 – 총12획	舊	예	구:	臼 – 총18획
訓	가르칠	훈:	言 – 총10획	局	판[形局]	국	尸 – 총 7획
				己	몸	기	己 – 총 3획

※ 6급은 6급Ⅱ[225자]에 새로운 한자 75자를 더하여 모두 300자입니다.

5급Ⅱ 배정한자

價	값	가	人 – 총15획	基	터	기	土 – 총11획
客	손[賓客]	객	宀 – 총 9획	念	생각	념:	心 – 총 8획
				能	능할	능	肉 – 총10획
				團	둥글	단	囗 – 총14획
				當	마땅	당	田 – 총13획
				德	큰	덕	彳 – 총15획

到	이를	도:	刀 – 총 8획
獨	홀로	독	犬 – 총16획
朗	밝을	랑:	月 – 총11획
良	어질	량	艮 – 총 7획
旅	나그네	려	方 – 총10획
歷	지날	력	止 – 총16획
練	익힐	련:	糸 – 총15획
勞	일할	로	力 – 총12획
類	무리	류▶	頁 – 총19획
流	흐를	류	水 – 총10획
陸	뭍	륙	阜 – 총11획
望	바랄	망:	月 – 총11획
法	법	법	水 – 총 8획
變	변할	변:	言 – 총23획
兵	병사 兵士	병	八 – 총 7획
福	복	복	示 – 총14획
奉	받들	봉:	大 – 총 8획
史	사기 史記	사:	口 – 총 5획
士	선비	사:	士 – 총 3획
仕	섬길	사▶	人 – 총 5획
産	낳을	산:	生 – 총11획
相	서로	상	目 – 총 9획
商	장사	상	口 – 총11획

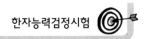

鮮	고울	선	魚 – 총17획
仙	신선神仙	선	人 – 총 5획
說	말씀	설	
	달랠	세:	
	기쁠	열	言 – 총14획
性	성품性品	성:	心 – 총 8획
洗	씻을	세:	水 – 총 9획
歲	해	세:	止 – 총13획
束	묶을	속	木 – 총 7획
首	머리	수	首 – 총 9획
宿	잘	숙	
	별자리	수:	宀 – 총11획
順	순할	순:	頁 – 총12획
識	알	식	
	기록할	지	言 – 총19획
臣	신하臣下	신	臣 – 총 6획
實	열매	실	宀 – 총14획
兒	아이	아	儿 – 총 8획
惡	악할	악	
	미워할	오	心 – 총12획
約	맺을	약	糸 – 총 9획
養	기를	양:	食 – 총15획
要	요긴할	요,	襾 – 총 9획

友	벗	우:	又 – 총 4획
雨	비	우:	雨 – 총 8획
雲	구름	운	雨 – 총12획
元	으뜸	원	儿 – 총 4획
偉	클	위	人 – 총11획
以	써	이:	人 – 총 5획
任	맡길	임,	人 – 총 6획
材	재목材木	재	木 – 총 7획
財	재물財物	재	貝 – 총10획
的	과녁	적	白 – 총 8획
典	법法	전:	八 – 총 8획
傳	전할	전	人 – 총13획
展	펼	전:	尸 – 총10획
切	끊을	절	
	온통	체	刀 – 총 4획
節	마디	절	竹 – 총15획
店	가게	점:	广 – 총 8획
情	뜻	정	心 – 총11획
調	고를	조	言 – 총15획
卒	마칠	졸	十 – 총 8획
種	씨	종,	禾 – 총14획
週	주일週日	주	辶 – 총12획

州	고을	주	巛 – 총 6획
知	알	지	矢 – 총 8획
質	바탕	질	貝 – 총15획
着	붙을	착	目 – 총12획
參	참여할	참	
	갖은석	삼	厶 – 총11획
責	꾸짖을	책	貝 – 총11획
充	채울	충	儿 – 총 6획
宅	집	택	
	집	댁	宀 – 총 6획
品	물건物件	품:	口 – 총 9획
必	반드시	필	心 – 총 5획
筆	붓	필	竹 – 총12획
害	해할	해:	宀 – 총10획
化	될	화	匕 – 총 4획
效	본받을	효:	攴 – 총10획
凶	흉할	흉	凵 – 총 4획

※ 5급Ⅱ는 6급[300자]에 새로운 한자 100
  자를 더한 400자입니다.
  단, 5급Ⅱ에서의 한자쓰기 문제는 6급
  Ⅱ[225자]에서 출제됩니다.

5급 배정한자

加	더할	가	力 - 총 5획
可	옳을	가:	口 - 총 5획
改	고칠	개:	攵 - 총 7획
去	갈	거:	厶 - 총 5획
擧	들	거:	手 - 총18획
健	굳셀	건:	人 - 총11획
件	물건物件	건	人 - 총 6획
建	세울	건:	廴 - 총 9획
輕	가벼울	경	車 - 총14획
競	다툴	경:	立 - 총20획
景	볕	경:	日 - 총12획
固	굳을	고:	口 - 총 8획
考	생각할	고:	老 - 총 6획
曲	굽을	곡	曰 - 총 6획
橋	다리	교	木 - 총16획
救	구원할	구:	攵 - 총11획
貴	귀할	귀:	貝 - 총12획
規	법法	규	見 - 총11획
給	줄	급	糸 - 총12획
汽	물끓는김	기	水 - 총 7획
期	기약할	기	月 - 총12획

技	재주	기	手 - 총 7획
吉	길할	길	口 - 총 6획
壇	단	단	土 - 총16획
談	말씀	담	言 - 총15획
都	도읍都邑	도	邑 - 총12획
島	섬	도	山 - 총10획
落	떨어질	락	艹 - 총13획
冷	찰	랭:	冫 - 총 7획
量	헤아릴	량	里 - 총12획
領	거느릴	령	頁 - 총14획
令	하여금	령:	人 - 총 5획
料	헤아릴	료:	斗 - 총10획
馬	말	마:	馬 - 총10획
末	끝	말	木 - 총 5획
亡	망할	망	亠 - 총 3획
買	살	매:	貝 - 총12획
賣	팔賣却	매:	貝 - 총15획
無	없을	무	火 - 총12획
倍	곱	배:	人 - 총10획
比	견줄	비:	比 - 총 4획
費	쓸	비:	貝 - 총12획
鼻	코	비:	鼻 - 총14획
氷	얼음	빙	水 - 총 5획

寫	베낄	사	宀 - 총15획
思	생각	사	心 - 총 9획
査	조사할	사	木 - 총 9획
賞	상줄	상	貝 - 총15획
序	차례	서:	广 - 총 7획
選	가릴	선:	辶 - 총16획
船	배船舶	선	舟 - 총11획
善	착할	선:	口 - 총12획
示	보일	시:	示 - 총 5획
案	책상冊床	안:	木 - 총10획
魚	고기	어	
	물고기	어	魚 - 총11획
漁	고기잡을	어	水 - 총14획
億	억數字	억	人 - 총15획
熱	더울	열	火 - 총15획
葉	잎	엽	
	고을이름	섭	艹 - 총13획
屋	집	옥	尸 - 총 9획
完	완전할	완	宀 - 총 7획
曜	빛날	요:	日 - 총18획
浴	목욕할	욕	水 - 총10획
牛	소	우	牛 - 총 4획
雄	수컷	웅	隹 - 총12획

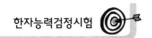

급수별 배정한자

原	언덕	원	厂 – 총10획
願	원할	원	頁 – 총19획
院	집	원	阜 – 총10획
位	자리	위	人 – 총 7획
耳	귀	이	耳 – 총 6획
因	인할	인	口 – 총 6획
再	두	재	冂 – 총 6획
災	재앙災殃	재	火 – 총 7획
爭	다툴	쟁	爪 – 총 8획
貯	쌓을	저	貝 – 총12획
赤	붉을	적	赤 – 총 7획
停	머무를	정	人 – 총11획
操	잡을	조	手 – 총16획
終	마칠	종	糸 – 총11획
罪	허물	죄	罒 – 총13획
止	그칠	지	止 – 총 4획
唱	부를	창	口 – 총11획
鐵	쇠	철	金 – 총21획
初	처음	초	刀 – 총 7획
最	가장	최	曰 – 총12획
祝	빌[祝福]	축	示 – 총10획
致	이를	치	至 – 총10획

則	법칙法則	칙	
	곧	즉	刀 – 총 9획
他	다를	타	人 – 총 5획
打	칠[打擊]	타	手 – 총 5획
卓	높을	탁	十 – 총 8획
炭	숯	탄	火 – 총 9획
板	널	판	木 – 총 8획
敗	패할	패	攴 – 총11획
河	물	하	水 – 총 8획
寒	찰	한	宀 – 총12획
許	허락할	허	言 – 총11획
湖	호수湖水	호	水 – 총12획
患	근심	환	心 – 총11획
黑	검을	흑	黑 – 총12획

※ 5급은 5급Ⅱ[400자]에 새로운 한자 100자를 더한 500자입니다.
단, 5급에서 한자쓰기 문제는 6급[300자]에서 출제됩니다.

4급Ⅱ 배정한자

街	거리	가	行 – 총12획
假	거짓	가	人 – 총11획
減	덜	감	水 – 총12획

監	볼	감	皿 – 총14획
講	욀	강	言 – 총17획
康	편안	강	广 – 총11획
個	낱	개	人 – 총10획
檢	검사할	검	木 – 총17획
潔	깨끗할	결	水 – 총15획
缺	이지러질	결	缶 – 총10획
慶	경사	경	心 – 총15획
警	깨우칠	경	言 – 총20획
境	지경	경	土 – 총14획
經	지날	경	
	글	경	糸 – 총13획
係	맬	계	人 – 총 9획
故	연고	고	攴 – 총 9획
官	벼슬	관	宀 – 총 8획
求	구할[求索]	구	水 – 총 7획
句	글귀	구	口 – 총 5획
究	연구할	구	穴 – 총 7획
宮	집	궁	宀 – 총10획
權	권세	권	木 – 총22획
極	극진할	극	
	다할	극	木 – 총13획
禁	금할	금	示 – 총13획

器	그릇	기	口 – 총16획	得	얻을	득	彳 – 총11획	房	방	방	戶 – 총 8획
起	일어날	기	走 – 총10획	燈	등	등	火 – 총16획	訪	찾을	방:	言 – 총11획
暖	따뜻할	난:	日 – 총13획	羅	벌릴	라	罒 – 총19획	配	나눌	배:	
難	어려울	난,	隹 – 총19획	兩	두	량:	入 – 총 8획		짝	배	酉 – 총10획
怒	성낼	노:	心 – 총 9획	麗	고울	려	鹿 – 총19획	背	등	배:	肉 – 총 9획
努	힘쓸	노	力 – 총 7획	連	이을	련	辶 – 총11획	拜	절	배:	手 – 총 9획
斷	끊을	단:	斤 – 총18획	列	벌릴/벌일	렬	刀 – 총 6획	罰	벌할	벌	罒 – 총14획
端	끝	단	立 – 총14획	錄	기록할	록	金 – 총16획	伐	칠[討]	벌	人 – 총 6획
檀	박달나무	단	木 – 총17획	論	논할	론	言 – 총15획	壁	벽	벽	土 – 총16획
單	홑	단		留	머무를	류	田 – 총10획	邊	가[側]	변	辶 – 총19획
	오랑캐임금	선	口 – 총12획	律	법칙	률	彳 – 총 9획	報	갚을	보:	
達	통달할	달	辶 – 총13획	滿	찰	만,	水 – 총14획		알릴	보	土 – 총12획
擔	멜	담	手 – 총16획	脈	줄기	맥	肉 – 총10획	步	걸음	보:	止 – 총 7획
黨	무리	당	黑 – 총20획	毛	터럭	모	毛 – 총 4획	寶	보배	보:	宀 – 총20획
帶	띠	대,	巾 – 총11획	牧	칠[牧養]	목	牛 – 총 8획	保	지킬	보,	人 – 총 9획
隊	무리	대	阜 – 총12획	武	호반	무:	止 – 총 8획	復	회복할	복	※'부'만 장음
導	인도할	도:	寸 – 총16획	務	힘쓸	무:	力 – 총11획		다시	부:	彳 – 총12획
督	감독할	독	目 – 총13획	味	맛	미:	口 – 총 8획	府	마을[官廳]	부,	广 – 총 8획
毒	독[毒藥]	독	毋 – 총 8획	未	아닐	미,	木 – 총 5획	婦	며느리	부	女 – 총11획
銅	구리	동	金 – 총14획	密	빽빽할	밀	宀 – 총11획	副	버금	부:	刀 – 총11획
斗	말	두	斗 – 총 4획	博	넓을	박	十 – 총12획	富	부자	부:	宀 – 총12획
豆	콩	두	豆 – 총 7획	防	막을	방	阜 – 총 7획	佛	부처	불	人 – 총 7획

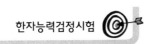
非	아닐	비› 非 – 총 8획	聲	소리	성 耳 – 총17획	視	볼	시: 見 – 총12획
備	갖출	비: 人 – 총12획	城	재[內城]	성 土 – 총10획	試	시험	시› 言 – 총13획
飛	날	비 飛 – 총 9획	誠	정성	성 言 – 총14획	是	이[斯]	시:
悲	슬플	비: 心 – 총12획	細	가늘	세: 糸 – 총11획		옳을	시 日 – 총 9획
貧	가난할	빈 貝 – 총11획	稅	세금	세: 禾 – 총12획	息	쉴	식 心 – 총10획
謝	사례할	사: 言 – 총17획	勢	형세形勢	세: 力 – 총13획	申	납[猿]	신 田 – 총 5획
師	스승	사 巾 – 총10획	素	본디	소›	深	깊을	심 水 – 총11획
寺	절	사 ※'시'만 장음		흴[白]	소 糸 – 총10획	眼	눈	안: 目 – 총11획
	내관內官	시: 寸 – 총 6획	掃	쓸[掃除]	소› 手 – 총11획	暗	어두울	암: 日 – 총13획
舍	집	사 舌 – 총 8획	笑	웃음	소: 竹 – 총10획	壓	누를	압 土 – 총17획
殺	죽일	살	續	이을	속 糸 – 총21획	液	진	액 水 – 총11획
	감할	쇄: ※'쇄'만 장음	俗	풍속	속 人 – 총 9획	羊	양	양 羊 – 총 6획
	빠를	쇄: 殳 – 총11획	送	보낼	송: 辶 – 총10획	如	같을	여 女 – 총 6획
常	떳떳할	상 巾 – 총11획	收	거둘	수 攴 – 총 6획	餘	남을	여 食 – 총16획
床	상[床=牀]	상 广 – 총 7획	修	닦을	수 人 – 총10획	逆	거스를	역 辶 – 총10획
想	생각	상: 心 – 총13획	受	받을	수› 又 – 총 8획	研	갈[研磨]	연: 石 – 총11획
狀	형상	상 ※'장'만 장음	授	줄	수 手 – 총11획	煙	연기	연 火 – 총13획
	문서	장: 犬 – 총 8획	守	지킬	수 宀 – 총 6획	演	펼	연: 水 – 총14획
設	베풀	설 言 – 총11획	純	순수할	순 糸 – 총10획	榮	영화	영 木 – 총14획
星	별	성 日 – 총 9획	承	이을	승 手 – 총 8획	藝	재주	예: 艸 – 총19획
聖	성인	성: 耳 – 총13획	詩	시	시 言 – 총13획	誤	그르칠	오: 言 – 총14획
盛	성할	성: 皿 – 총12획	施	베풀	시: 方 – 총 9획	玉	구슬	옥 玉 – 총 5획

往	갈	왕:	彳 - 총 8획		敵	대적할	적	攴 - 총15획		宗	마루	종	宀 - 총 8획
謠	노래	요	言 - 총17획		田	밭	전	田 - 총 5획		走	달릴	주	走 - 총 7획
容	얼굴	용	宀 - 총10획		絶	끊을	절	糸 - 총12획		竹	대	죽	竹 - 총 6획
圓	둥글	원	口 - 총13획		接	이을	접	手 - 총11획		準	준할	준:	水 - 총13획
員	인원	원	口 - 총10획		政	정사	정	攴 - 총 9획		衆	무리	중:	血 - 총12획
衛	지킬	위	行 - 총16획		精	정할	정			增	더할	증	土 - 총15획
爲	하	위				자세할	정	米 - 총14획		指	가리킬	지	手 - 총 9획
	할	위	爪 - 총12획		程	한도	정			志	뜻	지	心 - 총 7획
肉	고기	육	肉 - 총 6획			길[道]	정	禾 - 총12획		至	이를	지	至 - 총 6획
恩	은혜	은	心 - 총10획		濟	건널	제:	水 - 총17획		支	지탱할	지	支 - 총 4획
陰	그늘	음	阜 - 총11획		提	끌[提携]	제	手 - 총12획		職	직분	직	耳 - 총18획
應	응할	응:	心 - 총17획		除	덜	제	阜 - 총10획		進	나아갈	진:	辶 - 총12획
義	옳을	의:	羊 - 총13획		制	절제할	제:	刀 - 총 8획		眞	참	진	目 - 총10획
議	의논할	의	言 - 총20획		祭	제사	제:	示 - 총11획		次	버금	차	欠 - 총 6획
移	옮길	이	禾 - 총11획		際	즈음	제:			察	살필	찰	宀 - 총14획
益	더할	익	皿 - 총10획			가[邊]	제	阜 - 총14획		創	비롯할	창:	刀 - 총12획
引	끌	인	弓 - 총 4획		製	지을	제:	衣 - 총14획		處	곳	처:	虍 - 총11획
印	도장	인	卩 - 총 6획		助	도울	조:	力 - 총 7획		請	청할	청	言 - 총15획
認	알[知]	인	言 - 총14획		鳥	새	조	鳥 - 총11획		總	다[皆]	총:	糸 - 총17획
障	막을	장	阜 - 총14획		早	이를	조:	日 - 총 6획		銃	총	총	金 - 총14획
將	장수	장	寸 - 총11획		造	지을	조:	辶 - 총11획		蓄	모을	축	艸 - 총14획
低	낮을	저:	人 - 총 7획		尊	높을	존	寸 - 총12획		築	쌓을	축	竹 - 총16획

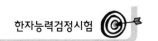

급수별 배정한자

蟲	벌레	충	虫 - 총18획
忠	충성	충	心 - 총 8획
取	가질	취	又 - 총 8획
測	헤아릴	측	水 - 총12획
治	다스릴	치	水 - 총 8획
置	둘[措置]	치	罒 - 총13획
齒	이	치	齒 - 총15획
侵	침노할	침	人 - 총 9획
快	쾌할	쾌	心 - 총 7획
態	모습	태	心 - 총14획
統	거느릴	통	糸 - 총12획
退	물러날	퇴	辶 - 총10획
破	깨뜨릴	파	石 - 총10획
波	물결	파	水 - 총 8획
布	베[펼]	포	※'보'는 장음
	보시	보	巾 - 총 5획
包	쌀[裹]	포	勹 - 총 5획
砲	대포	포	石 - 총10획
暴	사나울	폭	※'포'만 장음
	모질	포	日 - 총15획
票	표	표	示 - 총11획
豊	풍년[豊=豐]	풍	豆 - 총13획

限	한할	한	阜 - 총 9획
航	배	항	舟 - 총10획
港	항구	항	水 - 총12획
解	풀	해	角 - 총13획
鄕	시골	향	邑 - 총13획
香	향기	향	香 - 총 9획
虛	빌	허	虍 - 총12획
驗	시험	험	馬 - 총23획
賢	어질	현	貝 - 총15획
血	피	혈	血 - 총 6획
協	화할	협	十 - 총 8획
惠	은혜	혜	心 - 총12획
護	도울	호	言 - 총21획
呼	부를	호	口 - 총 8획
好	좋을	호	女 - 총 6획
戶	집	호	戶 - 총 4획
貨	재물	화	貝 - 총11획
確	굳을	확	石 - 총15획
回	돌아올	회	囗 - 총 6획
吸	마실	흡	口 - 총 7획
興	일[興盛]	흥	臼 - 총16획
希	바랄	희	巾 - 총 7획

※ 4급Ⅱ는 5급[500자]에 새로운 한자 250자를 더하여 모두 750자입니다.
단, 4급Ⅱ에서 한자쓰기 문제는 5급Ⅱ [400자]에서 출제됩니다.

✎ 한자는 서체에 따라 글자 모양이 달라져 보이나 모두 정자로 인정됩니다.

[참고 漢字]

示 = 礻	靑 = 青
神(神) 祈(祈) 祝(祝) 祖(祖)	淸(清) 請(請) 晴(晴) 情(情)
糸 = 糹	食 = 飠
線(線) 經(經) 續(續) 紙(紙)	飮(飲) 飯(飯) 餘(餘) 飽(飽)
辶 = 辶	八 = ソ
送(送) 運(運) 遂(遂) 遵(遵)	尊(尊) 說(說) 曾(曾) 墜(墜)

시험에 꼭! 출제되는 꾸러미

상대자 · 반대자

두 개의 글자가 서로 상대, 또는 반대되는 뜻을 가진 한자를 말합니다.

더할	가 5급 加 ↔ 減 4Ⅱ 덜	감	가감	공 공 6Ⅱ 功 ↔ 罪 5급 허물	죄 공죄
더할	가 5급 加 ↔ 除 4Ⅱ 덜	제	가제	빌 공 7Ⅱ 空 ↔ 陸 5Ⅱ 뭍	륙 공륙
강	강 7Ⅱ 江 ↔ 山 8급 메	산	강산	벼슬 관 4Ⅱ 官 ↔ 民 8급 백성	민 관민
강할	강 6급 強 ↔ 弱 6Ⅱ 약할	약	강약	빛 광 6Ⅱ 光 ↔ 陰 4Ⅱ 그늘	음 광음
갈	거 5급 去 ↔ 來 7급 올	래	거래	가르칠 교 8급 教 ↔ 習 6급 익힐	습 교습
갈	거 5급 去 ↔ 留 4Ⅱ 머무를	류	거류	가르칠 교 8급 教 ↔ 學 8급 배울	학 교학
가벼울	경 5급 輕 ↔ 重 7급 무거울	중	경중	일어날 기 4Ⅱ 起 ↔ 結 5Ⅱ 맺을	결 기결
서울	경 6급 京 ↔ 鄕 4Ⅱ 시골	향	경향	길할 길 5급 吉 ↔ 凶 5Ⅱ 흉할	흉 길흉
높을	고 6Ⅱ 高 ↔ 低 4Ⅱ 낮을	저	고저	남녘 남 8급 南 ↔ 北 8급 북녘	북 남북
높을	고 6Ⅱ 高 ↔ 下 7Ⅱ 아래	하	고하	사내 남 7Ⅱ 男 ↔ 女 8급 계집	녀 남녀
쓸	고 6급 苦 ↔ 樂 6Ⅱ 즐길	락	고락	안 내 7Ⅱ 內 ↔ 外 8급 바깥	외 내외
예	고 6급 古 ↔ 今 6Ⅱ 이제	금	고금	찰 랭 5급 冷 ↔ 暖 4Ⅱ 따뜻할	난 냉난
굽을	곡 5급 曲 ↔ 直 7Ⅱ 곧을	직	곡직	많을 다 6급 多 ↔ 少 7급 적을	소 다소
공	공 6Ⅱ 功 ↔ 過 5Ⅱ 지날	과	공과	끊을 단 4Ⅱ 斷 ↔ 續 4Ⅱ 이을	속 단속

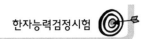

시험에 꼭! 출제되는 꾸러미

마땅	당 5Ⅱ	當 ↔ 落	5급 떨어질	락	당락
큰	대 8급	大 ↔ 小	7급 작을	소	대소
도읍	도 5급	都 ↔ 農	7Ⅱ 농사	농	도농
동녘	동 8급	東 ↔ 西	8급 서녘	서	동서
움직일	동 7Ⅱ	動 ↔ 止	5급 그칠	지	동지
얻을	득 4Ⅱ	得 ↔ 失	6급 잃을	실	득실
오를	등 7급	登 ↔ 落	5급 떨어질	락	등락
찰	랭 5급	冷 ↔ 熱	5급 더울	열	냉열
찰	랭 5급	冷 ↔ 溫	6급 따뜻할	온	냉온
늙을	로 7급	老 ↔ 童	6Ⅱ 아이	동	노동
늙을	로 7급	老 ↔ 少	7급 적을	소	노소
일할	로 5Ⅱ	勞 ↔ 使	6급 하여금	사	노사
뭍	륙 5Ⅱ	陸 ↔ 海	7Ⅱ 바다	해	육해
이할	리 6Ⅱ	利 ↔ 害	5Ⅱ 해할	해	이해
팔	매 5급	賣 ↔ 買	5급 살	매	매매
밝을	명 6Ⅱ	明 ↔ 暗	4Ⅱ 어두울	암	명암
어미	모 8급	母 ↔ 子	7Ⅱ 아들	자	모자
글월	문 7급	文 ↔ 武	4Ⅱ 호반	무	문무
글월	문 7급	文 ↔ 言	6급 말씀	언	문언
물을	문 7급	問 ↔ 答	7Ⅱ 대답	답	문답
물건	물 7Ⅱ	物 ↔ 心	7급 마음	심	물심

나눌	반 6Ⅱ	班 ↔ 常	4Ⅱ 떳떳할	상	반상
필	발 6Ⅱ	發 ↔ 着	5Ⅱ 붙을	착	발착
모	방 7Ⅱ	方 ↔ 圓	4Ⅱ 둥글	원	방원
근본	본 6급	本 ↔ 末	5급 끝	말	본말
아비	부 8급	父 ↔ 母	8급 어미	모	부모
아비	부 8급	父 ↔ 子	7Ⅱ 아들	자	부자
지아비	부 7급	夫 ↔ 婦	4Ⅱ 며느리	부	부부
나눌	분 6Ⅱ	分 ↔ 合	6급 합할	합	분합
슬플	비 4Ⅱ	悲 ↔ 樂	6Ⅱ 즐길	락	비락
가난할	빈 4Ⅱ	貧 ↔ 富	4Ⅱ 부자	부	빈부
얼음	빙 5급	氷 ↔ 炭	5급 숯	탄	빙탄
선비	사 5Ⅱ	士 ↔ 民	8급 백성	민	사민
스승	사 4Ⅱ	師 ↔ 弟	8급 아우	제	사제
죽을	사 6급	死 ↔ 活	7Ⅱ 살	활	사활
메	산 8급	山 ↔ 河	5급 물	하	산하
메	산 8급	山 ↔ 川	7급 내	천	산천
메	산 8급	山 ↔ 海	7Ⅱ 바다	해	산해
죽일	살 4Ⅱ	殺 ↔ 活	7Ⅱ 살	활	살활
상줄	상 5급	賞 ↔ 罰	4Ⅱ 벌할	벌	상벌
윗	상 7Ⅱ	上 ↔ 下	7Ⅱ 아래	하	상하
날	생 8급	生 ↔ 死	6급 죽을	사	생사

먼저	선 8급	先 ↔ 後 7급II	뒤	후	선후
착할	선 5급	善 ↔ 惡 5급II	악할	악	선악
이룰	성 6급II	成 ↔ 敗 5급	패할	패	성패
가늘	세 4급II	細 ↔ 大 8급	큰	대	세대
보낼	송 4급II	送 ↔ 受 4급II	받을	수	송수
거둘	수 4급II	收 ↔ 給 5급	줄	급	수급
거둘	수 4급II	收 ↔ 支 4급II	지탱할	지	수지
물	수 8급	水 ↔ 陸 5급II	뭍	륙	수륙
물	수 8급	水 ↔ 火 8급	불	화	수화
받을	수 4급II	受 ↔ 給 5급	줄	급	수급
손	수 7급II	手 ↔ 足 7급II	발	족	수족
줄	수 4급II	授 ↔ 受 4급II	받을	수	수수
순할	순 5급II	順 ↔ 逆 4급II	거스를	역	순역
이길	승 6급	勝 ↔ 敗 5급	패할	패	승패
비로소	시 6급II	始 ↔ 末 5급	끝	말	시말
비로소	시 6급II	始 ↔ 終 5급	마칠	종	시종
새	신 6급II	新 ↔ 舊 5급II	예	구	신구
새	신 6급II	新 ↔ 古 6급	예	고	신고
신하	신 5급II	臣 ↔ 民 8급	백성	민	신민
마음	심 7급	心 ↔ 身 6급II	몸	신	심신
마음	심 7급	心 ↔ 體 6급II	몸	체	심체
사랑	애 6급	愛 ↔ 惡 5급II	미워할	오	애오
말씀	언 6급	言 ↔ 行 6급	다닐	행	언행
구슬	옥 4급II	玉 ↔ 石 6급	돌	석	옥석
갈	왕 4급II	往 ↔ 來 7급	올	래	왕래
갈	왕 4급II	往 ↔ 復 4급II	회복할	복	왕복
멀	원 6급	遠 ↔ 近 6급	가까울	근	원근
있을	유 7급	有 ↔ 無 5급	없을	무	유무
그늘	음 4급II	陰 ↔ 陽 6급	볕	양	음양
소리	음 6급II	音 ↔ 義 4급II	옳을	의	음의
소리	음 6급II	音 ↔ 訓 6급	가르칠	훈	음훈
사람	인 8급	人 ↔ 天 7급	하늘	천	인천
인할	인 5급	因 ↔ 果 6급II	실과	과	인과
날	일 8급	日 ↔ 月 8급	달	월	일월
들	입 7급	入 ↔ 落 5급	떨어질	락	입락
스스로	자 7급II	自 ↔ 他 5급	다를	타	자타
아들	자 7급II	子 ↔ 女 8급	계집	녀	자녀
어제	작 6급II	昨 ↔ 今 6급II	이제	금	작금
긴	장 8급	長 ↔ 短 6급II	짧을	단	장단
장수	장 4급II	將 ↔ 兵 5급II	병사	병	장병
장수	장 4급II	將 ↔ 士 5급II	선비	사	장사
장수	장 4급II	將 ↔ 卒 5급II	마칠	졸	장졸

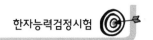
앞	전 7Ⅱ	前 ↔ 後 7Ⅱ	뒤	후	전후	날	출 7급	出 ↔ 入 7급	들	입	출입
바를	정 7Ⅱ	正 ↔ 副 4Ⅱ	버금	부	정부	충성	충 4Ⅱ	忠 ↔ 逆 4Ⅱ	거스를	역	충역
바를	정 7Ⅱ	正 ↔ 誤 4Ⅱ	그르칠	오	정오	풍년	풍 4Ⅱ	豊 ↔ 凶 5Ⅱ	흉할	흉	풍흉
바를	정 7Ⅱ	正 ↔ 反 6Ⅱ	돌이킬	반	정반	여름	하 7급	夏 ↔ 冬 7급	겨울	동	하동
아침	조 6급	朝 ↔ 夕 7급	저녁	석	조석	배울	학 8급	學 ↔ 問 7급	물을	문	학문
아침	조 6급	朝 ↔ 野 6급	들	야	조야	찰	한 5급	寒 ↔ 暖 4Ⅱ	따뜻할	난	한란
할아비	조 7급	祖 ↔ 孫 6급	손자	손	조손	찰	한 5급	寒 ↔ 熱 5급	더울	열	한열
왼	좌 7Ⅱ	左 ↔ 右 7Ⅱ	오른	우	좌우	찰	한 5급	寒 ↔ 溫 6급	따뜻할	온	한온
허물	죄 5급	罪 ↔ 罰 4Ⅱ	벌할	벌	죄벌	바다	해 7Ⅱ	海 ↔ 空 7Ⅱ	빌	공	해공
낮	주 6급	晝 ↔ 夜 6급	밤	야	주야	향할	향 6급	向 ↔ 背 4Ⅱ	등	배	향배
주인	주 7급	主 ↔ 客 5Ⅱ	손	객	주객	빌	허 4Ⅱ	虛 ↔ 實 5Ⅱ	열매	실	허실
가운데	중 8급	中 ↔ 外 8급	바깥	외	중외	형	형 8급	兄 ↔ 弟 8급	아우	제	형제
더할	증 4Ⅱ	增 ↔ 減 4Ⅱ	덜	감	증감	부를	호 4Ⅱ	呼 ↔ 應 4Ⅱ	응할	응	호응
알	지 5Ⅱ	知 ↔ 行 6급	다닐	행	지행	부를	호 4Ⅱ	呼 ↔ 吸 4Ⅱ	마실	흡	호흡
나아갈	진 4Ⅱ	進 ↔ 退 4Ⅱ	물러날	퇴	진퇴	좋을	호 4Ⅱ	好 ↔ 惡 5Ⅱ	미워할	오	호오
참	진 4Ⅱ	眞 ↔ 假 4Ⅱ	거짓	가	진가	화할	화 6Ⅱ	和 ↔ 戰 6Ⅱ	싸움	전	화전
모을	집 6Ⅱ	集 ↔ 配 4Ⅱ	나눌	배	집배	살	활 7Ⅱ	活 ↔ 殺 4Ⅱ	죽일	살	활살
하늘	천 7급	天 ↔ 地 7급	땅[따]	지	천지	가르칠	훈 6급	訓 ↔ 學 8급	배울	학	훈학
쇠	철 5급	鐵 ↔ 石 6급	돌	석	철석	검을	흑 5급	黑 ↔ 白 8급	흰	백	흑백
처음	초 5급	初 ↔ 終 5급	마칠	종	초종	일	흥 4Ⅱ	興 ↔ 亡 5급	망할	망	흥망
봄	춘 7급	春 ↔ 秋 7급	가을	추	춘추	일	흥 4Ⅱ	興 ↔ 敗 5급	패할	패	흥패

두 개의 글자가 서로 뜻이 비슷하고 대등한 뜻을 가진 한자를 말합니다.

거리	가 4II	街 – 道 7II	길	도	가도
거리	가 4II	街 – 路 6급	길	로	가로
노래	가 7급	歌 – 曲 5급	굽을	곡	가곡
노래	가 7급	歌 – 樂 6II	노래	악	가악
노래	가 7급	歌 – 謠 4II	노래	요	가요
집	가 7II	家 – 室 8급	집	실	가실
집	가 7II	家 – 屋 5급	집	옥	가옥
집	가 7II	家 – 宅 5II	집	택	가택
집	가 7II	家 – 戶 4II	집	호	가호
덜	감 4II	減 – 省 6II	덜	생	감생
볼	감 4II	監 – 觀 5II	볼	관	감관
볼	감 4II	監 – 視 4II	볼	시	감시
볼	감 4II	監 – 察 4II	살필	찰	감찰
강	강 7II	江 – 河 5급	물	하	강하
욀	강 4II	講 – 解 4II	풀	해	강해
강할	강 6급	強 – 健 5급	굳셀	건	강건
들	거 5급	擧 – 動 7II	움직일	동	거동
세울	건 5급	建 – 立 7급	설	립	건립
검사할	검 4II	檢 – 督 4II	감독할	독	검독

검사할	검 4II	檢 – 査 5급	조사할	사	검사
검사할	검 4II	檢 – 察 4II	살필	찰	검찰
격식	격 5II	格 – 式 6급	법	식	격식
결단할	결 5II	決 – 斷 4II	끊을	단	결단
깨끗할	결 4II	潔 – 白 8급	흰	백	결백
맺을	결 5II	結 – 束 5II	묶을	속	결속
맺을	결 5II	結 – 約 5II	맺을	약	결약
경사	경 4II	慶 – 福 5II	복	복	경복
경사	경 4II	慶 – 祝 5급	빌	축	경축
다툴	경 5급	競 – 爭 5급	다툴	쟁	경쟁
볕	경 5급	景 – 光 6II	빛	광	경광
서울	경 6급	京 – 都 5급	도읍	도	경도
지경	경 4II	境 – 界 6II	지경	계	경계
지날	경 4II	經 – 過 5II	지날	과	경과
지날	경 4II	經 – 歷 5II	지날	력	경력
지날	경 4II	經 – 理 6II	다스릴	리	경리
셀	계 6II	計 – 算 7급	셈	산	계산
셀	계 6II	計 – 數 7급	셈	수	계수
고할	고 5II	告 – 白 8급	흰	백	고백

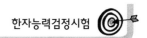

시험에 꼭! 출제되는 꾸러미

고할	고 5II	告 - 示	5급	보일	시	고시		
높을	고 6II	高 - 卓	5급	높을	탁	고탁		
생각할	고 5급	考 - 究	4II	연구할	구	고구		
연고	고 4II	故 - 舊	5II	예	구	고구		
쓸	고 6급	苦 - 難	4II	어려울	난	고난		
장인	공 7II	工 - 作	6II	지을	작	공작		
장인	공 7II	工 - 造	4II	지을	조	공조		
한가지	공 6II	共 - 同	7급	한가지	동	공동		
과목	과 6II	科 - 目	6급	눈	목	과목		
과정	과 5II	課 - 程	4II	한도	정	과정		
실과	과 6II	果 - 實	5II	열매	실	과실		
지날	과 5II	過 - 去	5급	갈	거	과거		
지날	과 5II	過 - 失	6급	잃을	실	과실		
지날	과 5II	過 - 誤	4II	그르칠	오	과오		
볼	관 5II	觀 - 視	4II	볼	시	관시		
볼	관 5II	觀 - 察	4II	살필	찰	관찰		
넓을	광 5II	廣 - 博	4II	넓을	박	광박		
빛	광 6II	光 - 明	6II	밝을	명	광명		
빛	광 6II	光 - 色	7급	빛	색	광색		
가르칠	교 8급	敎 - 訓	6급	가르칠	훈	교훈		
갖출	구 5II	具 - 備	4II	갖출	비	구비		
구분할	구 6급	區 - 別	6급	다를	별	구별		

구분할	구 6급	區 - 分	6II	나눌	분	구분		
구원할	구 5급	救 - 濟	4II	건널	제	구제		
고을	군 6급	郡 - 邑	7급	고을	읍	군읍		
군사	군 8급	軍 - 兵	5II	병사	병	군병		
집	궁 4II	宮 - 家	7II	집	가	궁가		
귀할	귀 5급	貴 - 重	7급	무거울	중	귀중		
법	규 5급	規 - 格	5II	격식	격	규격		
법	규 5급	規 - 律	4II	법칙	률	규율		
법	규 5급	規 - 則	5급	법칙	칙	규칙		
법	규 5급	規 - 度	6급	헤아릴	탁	규탁		
극진할	극 4II	極 - 端	4II	끝	단	극단		
뿌리	근 6급	根 - 本	6급	근본	본	근본		
쇠	금 8급	金 - 鐵	5급	쇠	철	금철		
급할	급 6II	急 - 速	6급	빠를	속	급속		
그릇	기 4II	器 - 具	5II	갖출	구	기구		
기록할	기 7II	記 - 錄	4II	기록할	록	기록		
기록할	기 7II	記 - 識	5II	기록할	지	기지		
몸	기 5II	己 - 身	6II	몸	신	기신		
일어날	기 4II	起 - 立	7II	설	립	기립		
재주	기 5급	技 - 術	6II	재주	술	기술		
재주	기 5급	技 - 藝	4II	재주	예	기예		
벌릴	라 4II	羅 - 列	4II	벌릴	렬	나열		

해	년 8급	年 - 歲	5II 해	세	연세	이를	도 5II	到 - 着	5II 붙을	착	도착
일할	로 5II	勞 - 務	4II 힘쓸	무	노무	인도할	도 4II	導 - 訓	6급 가르칠	훈	도훈
힘쓸	노 4II	努 - 力	7II 힘	력	노력	독	독 4II	毒 - 害	5II 해할	해	독해
논할	론 4II	論 - 議	4II 의논할	의	논의	골	동 7급	洞 - 里	7급 마을	리	동리
끊을	단 4II	斷 - 決	5II 결단할	결	단결	한가지	동 7급	同 - 等	6II 무리	등	동등
끊을	단 4II	斷 - 切	5II 끊을	절	단절	한가지	동 7급	同 - 一	8급 한	일	동일
끊을	단 4II	斷 - 絶	4II 끊을	절	단절	무리	등 6II	等 - 級	6급 등급	급	등급
끝	단 4II	端 - 正	7II 바를	정	단정	무리	등 6II	等 - 類	5II 무리	류	등류
둥글	단 5II	團 - 圓	4II 둥글	원	단원	나그네	려 5II	旅 - 客	5II 손	객	여객
홑	단 4II	單 - 獨	5II 홀로	독	단독	익힐	련 5II	練 - 習	6급 익힐	습	연습
통달할	달 4II	達 - 成	6II 이룰	성	달성	법식	례 6급	例 - 規	5급 법	규	예규
말씀	담 5급	談 - 說	5II 말씀	설	담설	법식	례 6급	例 - 法	5II 법	법	예법
말씀	담 5급	談 - 言	6급 말씀	언	담언	법식	례 6급	例 - 式	6급 법	식	예식
말씀	담 5급	談 - 話	7II 말씀	화	담화	법식	례 6급	例 - 典	5II 법	전	예전
멜	담 4II	擔 - 任	5II 맡길	임	담임	헤아릴	료 5급	料 - 量	5급 헤아릴	량	요량
집	당 6II	堂 - 室	8급 집	실	당실	헤아릴	료 5급	料 - 度	6급 헤아릴	탁	요탁
그림	도 6II	圖 - 畫	6급 그림	화	도화	뭍	륙 5II	陸 - 地	7급 땅[따]	지	육지
길	도 7II	道 - 路	6급 길	로	도로	끝	말 5급	末 - 端	4II 끝	단	말단
길	도 7II	道 - 理	6II 다스릴	리	도리	매양	매 7II	每 - 常	4II 떳떳할	상	매상
도읍	도 5급	都 - 市	7II 저자	시	도시	낯	면 7급	面 - 容	4II 얼굴	용	면용
도읍	도 5급	都 - 邑	7급 고을	읍	도읍	목숨	명 7급	命 - 令	5급 하여금	령	명령
이를	도 5II	到 - 達	4II 통달할	달	도달	밝을	명 6II	明 - 白	8급 흰	백	명백

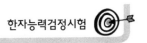

밝을	명 6Ⅱ	明 – 朗	5Ⅱ 밝을	랑	명랑
글월	문 7급	文 – 書	6Ⅱ 글	서	문서
글월	문 7급	文 – 章	6급 글	장	문장
문	문 8급	門 – 戶	4Ⅱ 집	호	문호
물건	물 7Ⅱ	物 – 件	5급 물건	건	물건
물건	물 7Ⅱ	物 – 品	5Ⅱ 물건	품	물품
아름다울 미 6급		美 – 麗	4Ⅱ 고울	려	미려
필	발 6Ⅱ	發 – 起	4Ⅱ 일어날	기	발기
필	발 6Ⅱ	發 – 展	5Ⅱ 펼	전	발전
모	방 7Ⅱ	方 – 道	7Ⅱ 길	도	방도
모	방 7Ⅱ	方 – 正	7Ⅱ 바를	정	방정
차례	번 6급	番 – 第	6Ⅱ 차례	제	번제
차례	번 6급	番 – 次	4Ⅱ 버금	차	번차
법	법 5Ⅱ	法 – 規	5급 법	규	법규
법	법 5Ⅱ	法 – 度	6급 법도	도	법도
법	법 5Ⅱ	法 – 例	6급 법식	례	법례
법	법 5Ⅱ	法 – 律	4Ⅱ 법칙	률	법률
법	법 5Ⅱ	法 – 式	6급 법	식	법식
법	법 5Ⅱ	法 – 典	5Ⅱ 법	전	법전
법	법 5Ⅱ	法 – 則	5급 법칙	칙	법칙
가	변 4Ⅱ	邊 – 際	4Ⅱ 즈음	제	변제
변할	변 5Ⅱ	變 – 改	5급 고칠	개	변개

변할	변 5Ⅱ	變 – 化	5Ⅱ 될	화	변화
병	병 6급	病 – 患	5급 근심	환	병환
병사	병 5Ⅱ	兵 – 士	5Ⅱ 선비	사	병사
병사	병 5Ⅱ	兵 – 卒	5Ⅱ 마칠	졸	병졸
갚을	보 4Ⅱ	報 – 告	5Ⅱ 고할	고	보고
지킬	보 4Ⅱ	保 – 衛	4Ⅱ 지킬	위	보위
지킬	보 4Ⅱ	保 – 護	4Ⅱ 도울	호	보호
복	복 5Ⅱ	福 – 慶	4Ⅱ 경사	경	복경
받들	봉 5Ⅱ	奉 – 仕	5Ⅱ 섬길	사	봉사
받들	봉 5Ⅱ	奉 – 承	4Ⅱ 이을	승	봉승
떼	부 6Ⅱ	部 – 隊	4Ⅱ 무리	대	부대
떼	부 6Ⅱ	部 – 類	5Ⅱ 무리	류	부류
버금	부 4Ⅱ	副 – 次	4Ⅱ 버금	차	부차
나눌	분 6Ⅱ	分 – 別	6급 나눌	별	분별
나눌	분 6Ⅱ	分 – 配	4Ⅱ 나눌	배	분배
쓸	비 5급	費 – 用	6Ⅱ 쓸	용	비용
생각	사 5급	思 – 考	5급 생각할	고	사고
생각	사 5급	思 – 念	5Ⅱ 생각	념	사념
생각	사 5급	思 – 想	4Ⅱ 생각	상	사상
일	사 7Ⅱ	事 – 業	6Ⅱ 업	업	사업
일	사 7Ⅱ	事 – 務	4Ⅱ 힘쓸	무	사무
조사할	사 5급	査 – 察	4Ⅱ 살필	찰	사찰

집	사 4Ⅱ	舍 - 屋	5급 집	옥	사옥	
집	사 4Ⅱ	舍 - 宅	5Ⅱ 집	택	사택	
하여금	사 6급	使 - 令	5급 하여금	령	사령	
셈	산 7급	算 - 數	7급 셈	수	산수	
생각	상 4Ⅱ	想 - 念	5Ⅱ 생각	념	상념	
생각	상 4Ⅱ	想 - 思	5급 생각	사	상사	
장사	상 5Ⅱ	商 - 量	5급 헤아릴	량	상량	
형상	상 4Ⅱ	狀 - 態	4Ⅱ 모습	태	상태	
날	생 8급	生 - 活	7Ⅱ 살	활	생활	
날	생 8급	生 - 産	5Ⅱ 낳을	산	생산	
덜	생 6Ⅱ	省 - 減	4Ⅱ 덜	감	생감	
가릴	선 5급	選 - 擧	5급 들	거	선거	
고울	선 5Ⅱ	鮮 - 麗	4Ⅱ 고울	려	선려	
착할	선 5급	善 - 良	5Ⅱ 어질	량	선량	
말씀	설 5Ⅱ	說 - 話	7Ⅱ 말씀	화	설화	
살필	성 6Ⅱ	省 - 察	4Ⅱ 살필	찰	성찰	
성품	성 5Ⅱ	性 - 心	7급 마음	심	성심	
인간	세 7급	世 - 界	6Ⅱ 지경	계	세계	
인간	세 7급	世 - 代	6Ⅱ 대신할	대	세대	
본디	소 4Ⅱ	素 - 朴	6급 성	박	소박	
본디	소 4Ⅱ	素 - 質	5Ⅱ 바탕	질	소질	
나무	수 6급	樹 - 林	7급 수풀	림	수림	
나무	수 6급	樹 - 木	8급 나무	목	수목	
닦을	수 4Ⅱ	修 - 習	6급 익힐	습	수습	
머리	수 5Ⅱ	首 - 頭	6급 머리	두	수두	
받을	수 4Ⅱ	受 - 領	5급 거느릴	령	수령	
지킬	수 4Ⅱ	守 - 衛	4Ⅱ 지킬	위	수위	
순수할	순 4Ⅱ	純 - 潔	4Ⅱ 깨끗할	결	순결	
때	시 7급	時 - 期	5급 기약할	기	시기	
베풀	시 4Ⅱ	施 - 設	4Ⅱ 베풀	설	시설	
비로소	시 6Ⅱ	始 - 初	5급 처음	초	시초	
시험	시 4Ⅱ	試 - 驗	4Ⅱ 시험	험	시험	
법	식 6급	式 - 典	5Ⅱ 법	전	식전	
납	신 4Ⅱ	申 - 告	5Ⅱ 고할	고	신고	
몸	신 6Ⅱ	身 - 體	6Ⅱ 몸	체	신체	
잃을	실 6급	失 - 敗	5급 패할	패	실패	
아이	아 5Ⅱ	兒 - 童	6Ⅱ 아이	동	아동	
눈	안 4Ⅱ	眼 - 目	6급 눈	목	안목	
편안	안 7Ⅱ	安 - 康	4Ⅱ 편안	강	안강	
맺을	약 5Ⅱ	約 - 束	5Ⅱ 묶을	속	약속	
어질	량 5Ⅱ	良 - 好	4Ⅱ 좋을	호	양호	
기를	양 5Ⅱ	養 - 育	7급 기를	육	양육	
말씀	언 6급	言 - 語	7급 말씀	어	언어	
말씀	언 6급	言 - 說	5Ⅱ 말씀	설	언설	

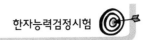

시험에 픽! 출제되는 꾸러미

업	업 6II	業 - 務 4II 힘쓸	무	업무
갈	연 4II	硏 - 究 4II 연구할	구	연구
갈	연 4II	硏 - 修 4II 닦을	수	연수
이을	련 4II	連 - 續 4II 이을	속	연속
거느릴	령 5급	領 - 統 4II 거느릴	통	영통
거느릴	령 5급	領 - 受 4II 받을	수	영수
길	영 6급	永 - 遠 6급 멀	원	영원
꽃부리	영 6급	英 - 特 6급 특별할	특	영특
재주	예 4II	藝 - 術 6II 재주	술	예술
따뜻할	온 6급	溫 - 暖 4II 따뜻할	난	온난
완전할	완 5급	完 - 全 7II 온전	전	완전
요긴할	요 5II	要 - 求 4II 구할	구	요구
옮길	운 6II	運 - 動 7급 움직일	동	운동
원할	원 5급	願 - 望 5II 바랄	망	원망
클	위 5II	偉 - 大 8급 큰	대	위대
머무를	류 4II	留 - 住 7급 살	주	유주
고기	육 4II	肉 - 身 6II 몸	신	육신
고기	육 4II	肉 - 體 6II 몸	체	육체
은혜	은 4II	恩 - 惠 4II 은혜	혜	은혜
소리	음 6II	音 - 聲 4II 소리	성	음성
뜻	의 6II	意 - 思 5급 생각	사	의사
뜻	의 6II	意 - 義 4II 옳을	의	의의

뜻	의 6II	意 - 志 4II 뜻	지	의지
옷	의 6급	衣 - 服 6급 옷	복	의복
의논할	의 4II	議 - 論 4II 논할	론	의논
이할	리 6II	利 - 益 4II 더할	익	이익
옮길	이 4II	移 - 運 6II 옮길	운	이운
끌	인 4II	引 - 導 4II 인도할	도	인도
알	인 4II	認 - 識 5II 알	식	인식
알	인 4II	認 - 知 5II 알	지	인지
스스로	자 7II	自 - 己 5II 몸	기	자기
재물	재 5II	財 - 貨 4II 재물	화	재화
재주	재 6II	才 - 術 6II 재주	술	재술
재주	재 6II	才 - 藝 4II 재주	예	재예
쌓을	저 5급	貯 - 蓄 4II 모을	축	저축
법	전 5II	典 - 例 6급 법식	례	전례
법	전 5II	典 - 律 4II 법칙	률	전율
싸움	전 6II	戰 - 爭 5급 다툴	쟁	전쟁
이을	접 4II	接 - 續 4II 이을	속	접속
뜰	정 6II	庭 - 園 6급 동산	원	정원
뜻	정 5II	情 - 意 6II 뜻	의	정의
머무를	정 5급	停 - 留 4II 머무를	류	정류
머무를	정 5급	停 - 住 7급 살	주	정주
머무를	정 5급	停 - 止 5급 그칠	지	정지

바를 정 7Ⅱ 正 – 直 7Ⅱ 곧을 직 정직
덜 제 4Ⅱ 除 – 減 4Ⅱ 덜 감 제감
제목 제 6Ⅱ 題 – 目 6급 눈 목 제목
지을 제 4Ⅱ 製 – 作 6Ⅱ 지을 작 제작
지을 제 4Ⅱ 製 – 造 4Ⅱ 지을 조 제조
고를 조 5Ⅱ 調 – 和 6Ⅱ 화할 화 조화
이를 조 4Ⅱ 早 – 速 6급 빠를 속 조속
지을 조 4Ⅱ 造 – 作 6Ⅱ 지을 작 조작
높을 존 4Ⅱ 尊 – 高 6Ⅱ 높을 고 존고
높을 존 4Ⅱ 尊 – 貴 5급 귀할 귀 존귀
마칠 종 5급 終 – 結 5Ⅱ 맺을 결 종결
마칠 종 5급 終 – 端 4Ⅱ 끝 단 종단
마칠 종 5급 終 – 末 5급 끝 말 종말
마칠 종 5급 終 – 止 5급 그칠 지 종지
허물 죄 5급 罪 – 過 5Ⅱ 지날 과 죄과
고을 주 5Ⅱ 州 – 郡 6급 고을 군 주군
더할 증 4Ⅱ 增 – 加 5급 더할 가 증가
알 지 5Ⅱ 知 – 識 5Ⅱ 알 식 지식
나아갈 진 4Ⅱ 進 – 出 7급 날 출 진출
참 진 4Ⅱ 眞 – 實 5Ⅱ 열매 실 진실
바탕 질 5Ⅱ 質 – 朴 6급 성 박 질박

바탕 질 5Ⅱ 質 – 素 4Ⅱ 본디 소 질소
바탕 질 5Ⅱ 質 – 正 7Ⅱ 바를 정 질정
모을 집 6Ⅱ 集 – 會 6Ⅱ 모일 회 집회
모을 집 6Ⅱ 集 – 團 5Ⅱ 둥글 단 집단
버금 차 4Ⅱ 次 – 第 6급 차례 제 차제
살필 찰 4Ⅱ 察 – 見 5Ⅱ 볼 견 찰견
부를 창 5급 唱 – 歌 7급 노래 가 창가
비롯할 창 4Ⅱ 創 – 始 6Ⅱ 비로소 시 창시
비롯할 창 4Ⅱ 創 – 作 6Ⅱ 지을 작 창작
꾸짖을 책 5Ⅱ 責 – 任 5Ⅱ 맡길 임 책임
맑을 청 6Ⅱ 淸 – 潔 4Ⅱ 깨끗할 결 청결
푸를 청 8급 靑 – 綠 6급 푸를 록 청록
처음 초 5급 初 – 創 4Ⅱ 비롯할 창 초창
마디 촌 8급 寸 – 節 5Ⅱ 마디 절 촌절
마을 촌 7급 村 – 里 7급 마을 리 촌리
마을 촌 7급 村 – 落 5급 떨어질 락 촌락
날[生] 출 7급 出 – 生 7급 날 생 출생
채울 충 5급 充 – 滿 4Ⅱ 찰 만 충만
헤아릴 측 4Ⅱ 測 – 度 6급 헤아릴 탁 측탁
다스릴 치 4Ⅱ 治 – 理 6Ⅱ 다스릴 리 치리
헤아릴 탁 6급 度 – 量 5급 헤아릴 량 탁량

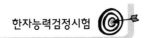

시험에 꽉! 출제되는 꾸러미

흙	토 8급	土 – 地	7급	땅[따]	지	토지	다닐	행 6급	行 – 爲	4Ⅱ	하	위	행위
거느릴	통 4Ⅱ	統 – 合	6급	합할	합	통합	시골	향 4Ⅱ	鄕 – 村	7급	마을	촌	향촌
밝을	통 7급	洞 – 達	4Ⅱ	통달할	달	통달	빌	허 4Ⅱ	虛 – 空	7Ⅱ	빌	공	허공
통할	통 6급	通 – 達	4Ⅱ	통달할	달	통달	빌	허 4Ⅱ	虛 – 無	5급	없을	무	허무
패할	패 5급	敗 – 亡	5급	망할	망	패망	허락할	허 5급	許 – 可	5급	옳을	가	허가
패할	패 5급	敗 – 北	8급	달아날	배	패배	어질	현 4Ⅱ	賢 – 良	5Ⅱ	어질	량	현량
편할	편 7급	便 – 安	7Ⅱ	편안	안	편안	모양	형 6Ⅱ	形 – 式	6급	법	식	형식
평평할	평 7Ⅱ	平 – 等	6Ⅱ	무리	등	평등	모양	형 6Ⅱ	形 – 容	4Ⅱ	얼굴	용	형용
평평할	평 7Ⅱ	平 – 安	7Ⅱ	편안	안	평안	모양	형 6Ⅱ	形 – 態	4Ⅱ	모습	태	형태
평평할	평 7Ⅱ	平 – 和	6Ⅱ	화할	화	평화	말씀	화 7Ⅱ	話 – 言	6급	말씀	언	화언
쌀	포 4Ⅱ	包 – 容	4Ⅱ	얼굴	용	포용	말씀	화 7Ⅱ	話 – 說	5Ⅱ	말씀	설	화설
풍년	풍 4Ⅱ	豊 – 足	7Ⅱ	발	족	풍족	화할	화 6Ⅱ	和 – 協	4Ⅱ	화할	협	화협
물	하 5급	河 – 川	7급	내	천	하천	굳을	확 4Ⅱ	確 – 固	5급	굳을	고	확고
배울	학 8급	學 – 習	6급	익힐	습	학습	모일	회 6Ⅱ	會 – 社	6Ⅱ	모일	사	회사
찰	한 5급	寒 – 冷	5급	찰	랭	한랭	가르칠	훈 6급	訓 – 導	4Ⅱ	인도할	도	훈도
배	항 4Ⅱ	航 – 船	5급	배	선	항선	쉴	휴 7급	休 – 息	4Ⅱ	쉴	식	휴식
바다	해 7Ⅱ	海 – 洋	6급	큰바다	양	해양	흉할	흉 5Ⅱ	凶 – 惡	5Ⅱ	악할	악	흉악
풀	해 4Ⅱ	解 – 放	6Ⅱ	놓을	방	해방	흉할	흉 5Ⅱ	凶 – 暴	4Ⅱ	사나울	포	흉포
풀	해 4Ⅱ	解 – 消	6Ⅱ	사라질	소	해소	마실	흡 4Ⅱ	吸 – 飮	6Ⅱ	마실	음	흡음
해할	해 5Ⅱ	害 – 毒	4Ⅱ	독	독	해독	바랄	희 4Ⅱ	希 – 望	5Ⅱ	바랄	망	희망
다닐	행 6급	行 – 動	7Ⅱ	움직일	동	행동	바랄	희 4Ⅱ	希 – 願	5급	원할	원	희원

거리	가	街	≠	衛	지킬	위			
거짓	가	假	≠	暇	겨를	가			
뿔	각	角	≠	再	두	재			
각각	각	各	≠	名	이름	명			
방패	간	干	≠	于	어조사	우			
느낄	감	感	≠	盛	성할	성			
덜	감	減	≠	咸	다	함			
볼	감	監	≠	鑑	거울	감			
욀	강	講	≠	構	얽을	구			
열	개	開	≠	聞	들을	문			
손	객	客	≠	各	각각	각			
굳셀	건	健	≠	建	세울	건			
검사할	검	檢	≠	儉	검소할	검			
이지러질	결	缺	≠	訣	이별할	결			
깨우칠	경	警	≠	驚	놀랄	경			
지날	경	經	≠	輕	가벼울	경			
맬	계	係	≠	系	이어맬	계			
생각할	고	考	≠	老	늙을	로			
쓸	고	苦	≠	若	같을	약			
예	고	古	≠	吉	길할	길			
굽을	곡	曲	≠	由	말미암을	유			
공	공	功	≠	攻	칠	공			

한가지	공	共	≠ 典	법	전
과목	과	科	≠ 料	헤아릴	료
실과	과	果	≠ 東	동녘	동
벼슬	관	官	≠ 宮	집	궁
가르칠	교	敎	≠ 校	학교	교
공	구	球	≠ 救	구원할	구
아홉	구	九	≠ 力	힘	력
군사	군	軍	≠ 車	수레	거
권세	권	權	≠ 勸	권할	권
이제	금	今	≠ 令	하여금	령
쇠	금	金	≠ 全	온전	전
기	기	旗	≠ 族	겨레	족
몸	기	己	≠ 已	이미	이
안	내	內	≠ 丙	남녘	병
계집	녀	女	≠ 安	편안	안
성낼	노	怒	≠ 努	힘쓸	노
농사	농	農	≠ 晨	새벽	신
많을	다	多	≠ 夕	저녁	석
끝	단	端	≠ 瑞	상서	서
단	단	壇	≠ 檀	박달나무	단
마땅	당	當	≠ 富	부자	부
기다릴	대	待	≠ 侍	모실	시

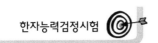

시험에 꼭! 출제되는 꾸러미

대신할	대	代	≠	伐	칠	벌	물을	문	問	≠	聞	들을	문
큰	대	大	≠	太	클	태	쌀	미	米	≠	來	올	래
법도	도	度	≠	席	자리	석	백성	민	民	≠	氏	각시	씨
섬	도	島	≠	鳥	새	조	나눌	반	班	≠	辨	분별할	변
동녘	동	東	≠	束	묶을	속	반	반	半	≠	牛	소	우
오를	등	登	≠	發	필	발	막을	방	防	≠	妨	방해할	방
떨어질	락	落	≠	洛	물이름	락	곱	배	倍	≠	培	북돋울	배
즐길	락	樂	≠	藥	약	약	흰	백	白	≠	百	일백	백
올	래	來	≠	平	평평할	평	벌할	벌	罰	≠	罪	허물	죄
두	량	兩	≠	雨	비	우	벽	벽	壁	≠	璧	구슬	벽
나그네	려	旅	≠	族	겨레	족	말씀	변	辯	≠	辨	분별할	변
지날	력	歷	≠	曆	책력	력	근본	본	本	≠	木	나무	목
벌릴/벌일	렬	列	≠	烈	매울	렬	아비	부	父	≠	交	사귈	교
법식	례	例	≠	列	벌릴/벌일	렬	지아비	부	夫	≠	天	하늘	천
늙을	로	老	≠	孝	효도	효	북녘	북	北	≠	比	견줄	비
기록할	록	錄	≠	綠	푸를	록	아닐	불	不	≠	下	아래	하
푸를	록	綠	≠	緣	인연	연	부처	불	佛	≠	彿	비슷할	불
끝	말	末	≠	未	아닐	미	견줄	비	比	≠	以	써	이
매양	매	每	≠	母	어미	모	가난할	빈	貧	≠	貪	탐할	탐
팔	매	賣	≠	買	살	매	얼음	빙	氷	≠	永	길	영
줄기	맥	脈	≠	派	갈래	파	넉	사	四	≠	西	서녘	서
터럭	모	毛	≠	手	손	수	모일	사	社	≠	杜	막을	두
나무	목	木	≠	水	물	수	사기	사	史	≠	吏	벼슬아치	리
칠	목	牧	≠	技	재주	기	생각	사	思	≠	恩	은혜	은

스승	사 師 ≠ 帥	장수	수	
메	산 山 ≠ 出	날	출	
윗	상 上 ≠ 土	흙	토	
형상	상 狀 ≠ 壯	장할	장	
빛	색 色 ≠ 邑	고을	읍	
글	서 書 ≠ 晝	낮	주	
돌	석 石 ≠ 右	오를/오른	우	
먼저	선 先 ≠ 光	빛	광	
눈	설 雪 ≠ 雲	구름	운	
베풀	설 設 ≠ 說	말씀	설	
성	성 姓 ≠ 性	성품	성	
쓸	소 掃 ≠ 歸	돌아갈	귀	
작을	소 小 ≠ 少	적을	소	
풍속	속 俗 ≠ 欲	하고자할	욕	
손자	손 孫 ≠ 係	맬	계	
머리	수 首 ≠ 頁	머리	혈	
받을	수 受 ≠ 授	줄	수	
이길	승 勝 ≠ 騰	오를	등	
베풀	시 施 ≠ 旅	나그네	려	
저자	시 市 ≠ 巾	수건	건	
납	신 申 ≠ 甲	갑옷	갑	
새	신 新 ≠ 親	친할	친	
신하	신 臣 ≠ 巨	클	거	
잃을	실 失 ≠ 矢	화살	시	

깊을	심 深 ≠ 探	찾을	탐	
눈	안 眼 ≠ 眠	잘	면	
사랑	애 愛 ≠ 受	받을	수	
고기	어 魚 ≠ 漁	고기잡을	어	
말씀	어 語 ≠ 話	말씀	화	
같을	여 如 ≠ 始	비로소	시	
영화	영 榮 ≠ 營	경영할	영	
낮	오 午 ≠ 牛	소	우	
구슬	옥 玉 ≠ 王	임금	왕	
갈	왕 往 ≠ 住	살	주	
쓸	용 用 ≠ 冊	책	책	
얼굴	용 容 ≠ 谷	골	곡	
오를/오른	우 右 ≠ 左	왼	좌	
기름	유 油 ≠ 注	부을	주	
말미암을	유 由 ≠ 田	밭	전	
고기	육 肉 ≠ 內	안	내	
마실	음 飮 ≠ 飯	밥	반	
사람	인 人 ≠ 入	들	입	
날	일 日 ≠ 曰	가로	왈	
놈	자 者 ≠ 考	생각할	고	
어제	작 昨 ≠ 作	지을	작	
긴	장 長 ≠ 辰	별	진	
있을	재 在 ≠ 存	있을	존	
재목	재 材 ≠ 村	마을	촌	

시험에 꼭! 출제되는 꾸러미

재주	재	才 ≠ 寸	마디	촌		이를	치	致 ≠ 到	이를	도
낮을	저	低 ≠ 底	밑	저		친할	친	親 ≠ 新	새	신
붉을	적	赤 ≠ 亦	또	역		일곱	칠	七 ≠ 匕	비수	비
끌	제	提 ≠ 堤	둑	제		쾌할	쾌	快 ≠ 決	결단할	결
아우	제	弟 ≠ 第	차례	제		다를	타	他 ≠ 地	땅[따]	지
절제할	제	制 ≠ 製	지을	제		칠	타	打 ≠ 材	재목	재
제사	제	祭 ≠ 察	살필	찰		모습	태	態 ≠ 熊	곰	웅
새	조	鳥 ≠ 烏	까마귀	오		흙	토	土 ≠ 士	선비	사
이를	조	早 ≠ 旱	가물	한		널	판	板 ≠ 版	판목	판
잡을	조	操 ≠ 燥	마를	조		여덟	팔	八 ≠ 人	사람	인
마칠	졸	卒 ≠ 率	거느릴	솔		편할	편	便 ≠ 使	하여금	사
허물	죄	罪 ≠ 罰	벌할	벌		표	표	票 ≠ 標	표할	표
고을	주	州 ≠ 洲	물가	주		반드시	필	必 ≠ 心	마음	심
살	주	住 ≠ 注	부을	주		물	하	河 ≠ 何	어찌	하
임금	주	主 ≠ 王	임금	왕		항구	항	港 ≠ 巷	거리	항
준할	준	準 ≠ 集	모을	집		다행	행	幸 ≠ 辛	매울	신
가운데	중	中 ≠ 申	납	신		빌	허	虛 ≠ 處	곳	처
무거울	중	重 ≠ 里	마을	리		피	혈	血 ≠ 皿	그릇	명
그칠	지	止 ≠ 正	바를	정		모양	형	形 ≠ 刑	형벌	형
붙을	착	着 ≠ 看	볼	간		집	호	戶 ≠ 尸	주검	시
꾸짖을	책	責 ≠ 靑	푸를	청		그림	화	畫 ≠ 晝	낮	주
일천	천	千 ≠ 干	방패	간		근심	환	患 ≠ 忠	충성	충
날	출	出 ≠ 山	메	산		쉴	휴	休 ≠ 体	몸	체
채울	충	充 ≠ 流	흐를	류		검을	흑	黑 ≠ 墨	먹	묵
헤아릴	측	測 ≠ 側	곁	측		바랄	희	希 ≠ 布	베	포

한자성어 · 사자성어 · 고사성어

- 漢字成語란 우리말의 속담이나 격언 등을 한자로 옮겨 쓴 것을 말합니다.
- 四字成語란 우리말 중에서 4음절로 이루어진 한자어 낱말을 이르는 말입니다.
- 故事成語란 옛날부터 전해 내려오는 내력이 있는 일을 표현한 어구로써 옛사람들이 만든 말을 뜻합니다.

- 角者無齒 각자무치

한 사람이 모든 복(福)이나 재주를 겸(兼)하지 못함을 이르는 말.

- 江湖煙波 강호연파

강이나 호수 위에 안개처럼 뽀얗게 이는 잔물결.

- 見利思義 견리사의

눈앞에 이익이 보일 때, 의리를 먼저 생각함.

- 見物生心 견물생심

물건을 보면 욕심이 생긴다는 말.

- 見事生風 견사생풍

어떤 일을 당하면 일을 재빨리 함.

- 經國濟世 경국제세

나라 일을 경륜(經綸)하고 세상을 구제(救濟)함.

- 經世濟民 경세제민

세상을 다스리고 백성을 구제(救濟)함.

- 敬天愛人 경천애인

하늘을 숭배(崇拜)하고 인간을 사랑함.

- 高山流水 고산유수

①'높은 산과 흐르는 물'이라는 뜻. ②극히 미묘한 '거문고의 가락', 또는 '知己'를 비유.

- 功過相半 공과상반

공로(功勞)와 과실(過失)이 서로 반반임.

- 公明正大 공명정대

하는 일이나 행동에 사사로움이 없이 떳떳하고 바름.

- 空前絶後 공전절후

전에도 없었고 앞으로도 없음. 전무후무(前無後無).

- 交友以信 교우이신

세속오계(世俗五戒)의 하나로, '벗은 믿음으로써 사귀어야 한다.'는 계율(戒律).

- 教學相長 교학상장

가르치는 일과 배우는 일은 다 함께 자기의 학업을 증진시키는 것임.

- 九死一生 구사일생

여러 차례 죽을 고비를 겪고 겨우 살아남.

- 九牛一毛 구우일모

썩 많은 가운데에 섞인 아주 적은 것.

- 君子不器 군자불기

그릇이란 제각기 한 가지 소용에 맞는 것이지만, '덕이 있는 사람은 그렇지 않아 온갖 방면에 통함'을 이르는 말.

- 權不十年 권불십년

아무리 높은 권세(權勢)라도 10년을 지속(持續)하기 어렵다.

- 近朱者赤 근주자적

'주사(朱砂)를 가까이 하는 사람은 붉게 된다'는 뜻으로 '환경이 중요함'을 이르는 말.

- 起死回生 기사회생

중병이 들어 죽을 뻔하다가 다시 살아남.

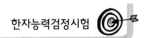

시험에 **픽!** 출제되는 꾸러미

奇想天外 기상천외
보통 사람이 쉽게 짐작할 수 없을 정도로 엉뚱하고 기발(奇拔)한 생각.

落落長松 낙락장송
가지가 축축 늘어진 키가 큰 소나무.

難兄難弟 난형난제
'누구를 형이라 하고 누구를 동생이라 할지 분간하기 어렵다'는 뜻으로 두 사물이 비슷하여 낫고 못함을 정하기 어렵다는 말.

男女有別 남녀유별
남자와 여자 사이에 분별이 있어야 함을 이르는 말.

怒發大發 노발대발
몹시 노하거나 성을 냄.

老少同樂 노소동락
늙은이와 젊은이가 함께 즐김.

論功行賞 논공행상
공적의 크고 작음에 의하여 그에 알맞은 상을 줌.

多多益善 다다익선
많으면 많을수록 좋다는 말.

多事多難 다사다난
여러 가지로 일도 많고 어려움도 많음.

多情多感 다정다감
정이 많고 감정이 풍부함.

大明天地 대명천지
아주 환하게 밝은 세상.

獨不將軍 독불장군
① 자기 생각대로 혼자서 처리하는 사람. ② 따돌림을 당하는 외로운 사람.

讀書三到 독서삼도
독서를 하는 데에 이르는 세 가지 방법으로, '구도(口到)·심도(心到)·안도(眼到)'에 있음을 이르는 말.

同苦同樂 동고동락
괴로움도 즐거움도 함께 한다는 뜻.

同門修學 동문수학
한 스승 밑에서 함께 학문을 닦고 배움.

東西古今 동서고금
동양과 서양, 옛날과 지금을 통틀어 이르는 말.

同姓同本 동성동본
성(姓)과 본관(本貫)이 모두 같음.

燈下不明 등하불명
'등잔(燈盞) 밑이 어둡다'는 뜻으로 가까이에 있는 물건이나 사람을 잘 찾지 못함을 이르는 말.

燈火可親 등화가친
가을이 되어 서늘하면 밤에 불을 가까이하여 글읽기에 좋다는 말.

馬耳東風 마이동풍
'말의 귓가를 스치는 동풍'이라는 뜻으로 '남의 말을 귀담아 듣지 않음'을 이르는 말.

明明白白 명명백백
아주 명백(明白)하여 의심(疑心)할 여지(餘地)가 없음.

目不識丁 목불식정
'낫 놓고 기역자도 모른다'는 뜻으로, '아주 까막눈인 사람'을 비유하여 이르는 말.

無不通知 무불통지
무슨 일이든지 다 통하여 모르는 것이 없음.

無錢旅行 무전여행
비용을 들이지 않고 다니는 여행.

● 文房四友 **문방사우**

서재(書齋)에 꼭 있어야 할 네 가지 벗, 즉 '종이・붓・벼루・먹'을 말함.

● 聞一知十 **문일지십**

한 가지를 듣고 열 가지를 미루어 앎.

● 門前成市 **문전성시**

권세가 드날리거나 부자가 되어 집 앞이 찾아오는 손님들로 마치 시장을 이룬 것 같음을 이르는 말.

● 美風良俗 **미풍양속**

아름답고 좋은 풍속.

● 博學多識 **박학다식**

학문이 넓고 식견이 많음.

● 百年大計 **백년대계**

먼 앞날까지 미리 내다보고 세우는 크고 중요한 계획.

● 百年河淸 **백년하청**

'백년 동안 황하(黃河)의 물이 맑아지기를 기다린다'는 뜻으로 '어떤 일이 이루어지기 어려움'을 이르는 말.

● 白面書生 **백면서생**

'한갓 글만 읽고 세상일에 경험이 없는 어두운 사람'을 이르는 말.

● 百發百中 **백발백중**

총・활 같은 것이 겨눈 곳에 꼭꼭 맞음. 미리 생각한 일들이 꼭꼭 들어맞음.

● 白衣民族 **백의민족**

'흰옷을 입은 민족'이라는 뜻으로, '우리 민족'을 이르는 말.

● 百戰老將 **백전노장**

'수없이 많은 싸움을 치른 노련한 장수'라는 뜻으로, '온 갖 어려운 일을 많이 겪은 노련한 사람'을 이르는 말.

● 百戰百勝 **백전백승**

백 번 싸워 백 번 이긴다는 말.

● 百害無益 **백해무익**

해롭기만 하고 조금도 이로운 바가 없음.

● 步武堂堂 **보무당당**

걸음걸이가 활발하고 당당함.

● 富國強兵 **부국강병**

나라의 경제력을 넉넉하게 하고, 군사력(軍事力)을 튼튼하게 하는 일.

● 父子有親 **부자유친**

오륜의 하나. 아버지와 아들 사이의 도(道)는 친애(親愛)에 있음을 뜻함.

● 父傳子傳 **부전자전**

대대로 아버지가 아들에게 전함.

● 北窓三友 **북창삼우**

'거문고와 시(詩)와 술'을 아울러 일컫는 말. 중국 당(唐)나라 때 시인 백거이(白居易)가 시에서 '여름날 북창 아래에서 세 친구를 얻었다'고 노래한 데에서 유래함.

● 不老長生 **불로장생**

늙지 아니하고 오래 삶. 장생불로(長生不老).

● 不問曲直 **불문곡직**

옳고 그름을 가리지 않고 함부로 일을 처리함.

● 不遠千里 **불원천리**

천 리 길도 멀다고 여기지 않음.

● 非一非再 **비일비재**

같은 종류의 현상이 한두 번이나 한둘이 아님.

● 貧者一燈 **빈자일등**

물질의 많고 적음보다 정성(精誠)이 소중(所重)하다는 말.

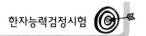

시험에 꼭! 출제되는 꾸러미

士農工商 사농공상
'선비·농부·공장·상인' 등 네 가지 신분을 아울러 이르는 말.

師弟三世 사제삼세
스승과 제자와의 인연은 前世·現世·來世에 이르기까지 계속된다는 말.

事親以孝 사친이효
세속오계(世俗五戒)의 하나로, '어버이를 섬기기를 효도로써 함'을 이르는 말.

四通五達 사통오달
이리저리 사방을 통함. 사통팔달(四通八達)

山高水長 산고수장
'산은 높고 강은 길게 흐른다'는 뜻으로 '군자의 덕행이 높고 오래 전하여 내려옴'을 비유하여 이르는 말.

山戰水戰 산전수전
'산에서도 싸우고 물에서도 싸웠다'는 뜻으로 '온갖 고생을 다 겪었음'을 이르는 말.

殺身成仁 살신성인
목숨을 버리고 어진 일을 이룬다는 뜻.

三寒四溫 삼한사온
겨울철에 한국·중국·만주 등지에서 3일 가량 추웠다가, 다음 4일 가량은 따뜻한 날씨가 이어지는 주기적(週期的)인 기후 현상.

生面不知 생면부지
이전에 만나 본 일이 없어 전혀 알지 못하는 사람, 또는 그런 관계.

生不如死 생불여사
몹시 어려운 형편(形便)에 빠져 있음을 이르는 말.

生死苦樂 생사고락
'삶과 죽음, 괴로움과 즐거움'을 아울러 이르는 말.

先公後私 선공후사
공적인 일을 먼저 하고 사사로운 일을 뒤로 돌림.

先禮後學 선례후학
'먼저 예의를 익히고 나서 학문을 하라'는 말.

說往說來 설왕설래
서로 변론(辯論)을 주고받으며 옥신각신함.

視死如生 시사여생
죽음을 삶과 같이 보아 두려워하지 않는다는 뜻.

是是非非 시시비비
옳고 그름을 가림.

始終如一 시종여일
처음부터 끝까지 변함없이 한결같음.

信賞必罰 신상필벌
상벌(賞罰)을 규정(規定)대로 공정(公正)하고 엄중(嚴重)하게 하는 일.

身土不二 신토불이
'몸과 땅은 둘이 아니고 하나'라는 뜻으로 '우리 땅에서 난 농산물이라야 체질에 잘 맞음'을 이르는 말.

實事求是 실사구시
있는 그대로의 사실, 즉 실제(實際)에 입각(立脚)해서 그 일의 진상(眞相)을 찾고 구하는 것을 말함.

十目所視 십목소시
여러 사람이 다 같이 보고 있다는 뜻.

十常八九 십상팔구
열 가운데 여덟이나 아홉이 그러함. 거의 틀림없음. 십중팔구(十中八九).

十指不動 **십지부동**

열 손가락을 꼼짝하지 아니할 정도로 게으름을 이르는 말.

安分知足 **안분지족**

편안(便安)한 마음으로 제 분수(分數)를 지키며 만족(滿足)을 앎.

安貧樂道 **안빈낙도**

구차(苟且)하고 궁색(窮塞)하면서도 그것에 구속(拘束)되지 않고 평안(平安)하게 즐기는 마음으로 살아감.

安心立命 **안심입명**

(불교에서) 믿음으로 마음의 평화를 얻어, 하찮은 일에 마음이 흔들리지 않는 경지를 이르는 말.

眼下無人 **안하무인**

'눈 아래에 사람이 없다'는 뜻으로 '다른 사람을 업신여김'을 이르는 말.

愛人如己 **애인여기**

남 사랑하기를 내 몸 사랑하는 것같이 함.

弱肉强食 **약육강식**

약한 자는 강한 자에게 먹힘.

良藥苦口 **양약고구**

'좋은 약은 입에 쓰다'는 뜻으로, '충고하는 말은 귀에 거슬리나 자신에게 이로움'을 이르는 말.

語不成說 **어불성설**

말이 이치에 맞지 않음.

言語道斷 **언어도단**

'말할 길이 막혔다'는 뜻으로 '말이 안 됨'을 이름.

言行相反 **언행상반**

말과 행동이 서로 반대되거나 어긋남.

言行一致 **언행일치**

말과 행동이 서로 같음.

餘無可論 **여무가론**

대강(大綱)이 이미 결정(決定)되어 나머지는 의논할 필요가 없음.

餘不備禮 **여불비례**

'예를 다 갖추지 못했다'는 뜻으로, 편지의 끝에 인사 대신 쓰는 말.

如出一口 **여출일구**

한 입에서 나오는 것처럼 여러 사람의 말이 같음. 이구동성(異口同聲).

溫故知新 **온고지신**

옛것을 익히고 그것을 미루어 새로운 것을 앎.

樂山樂水 **요산요수**

지혜(智慧) 있는 자는 사리(事理)에 통달(通達)하여 물과 같이 막힘이 없으므로 물을 좋아하고, 어진 자는 의리(義理)에 밝고 산과 같이 중후(重厚)하여 변하지 않으므로 산을 좋아한다는 말.

右往左往 **우왕좌왕**

이리저리 왔다갔다함.

牛耳讀經 **우이독경**

'쇠귀에 경 읽기'라는 뜻으로 '아무리 가르쳐 주어도 알아듣지 못함'을 이르는 말.

有口無言 **유구무언**

'입은 있으나 말이 없다'는 뜻으로 '변명할 말이 없음'을 이르는 말.

類萬不同 **유만부동**

비슷한 것들은 수만 가지가 있어도 같지는 않다는 뜻.

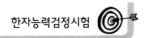

시험에 꼭! 출제되는 꾸러미

有名無實 유명무실
이름만 있고 그 실상(實相)이 없음.

有備無患 유비무환
미리 준비(準備)해 두면 근심될 것이 없음.

陰德陽報 음덕양보
남이 모르게 덕행을 쌓은 사람은 뒤에 그 보답을 저절로 받음을 이르는 말.

以心傳心 이심전심
마음으로 마음을 전한다는 뜻.

以熱治熱 이열치열
열은 열로써 다스린다는 뜻.

利用厚生 이용후생
백성이 사용하는 기구 따위를 편리하게 하고, 의식(衣食)을 풍부하게 하여 생활을 윤택하게 함.

因果應報 인과응보
선(善)과 악(惡)에 따라 반드시 업보(業報)가 있음.

引過自責 인과자책
자기의 잘못을 깨닫고 스스로 꾸짖음.

人命在天 인명재천
목숨의 길고 짧음은 하늘에 달려 있다는 말.

人死留名 인사유명
사람은 죽어도 그 삶이 헛되지 않도록 이름을 길이 남겨야 한다는 말.

人事不省 인사불성
제 몸에 벌어지는 일을 모를 만큼 정신을 잃은 상태.

仁者無敵 인자무적
어진 사람은 모든 사람을 사랑하므로 적대하는 사람이 없음을 이르는 말.

一擧兩得 일거양득
한 가지 일로 두 가지 이익을 얻음. 일석이조(一石二鳥).

一口二言 일구이언
한 입으로 두 말을 한다는 뜻으로, '말을 이랬다저랬다 함'을 이르는 말.

日暖風和 일난풍화
날씨가 따뜻하고 바람결이 부드러움.

一脈相通 일맥상통
사고방식·처지·성질 따위가 서로 비슷하거나 한 가지로 통함.

一葉知秋 일엽지추
나뭇잎 하나가 떨어지는 것을 보고 가을이 온 것을 안다는 뜻.

一牛鳴地 일우명지
소 한 마리의 우는 소리가 들릴 만한 가까운 거리의 땅.

一衣帶水 일의대수
한 줄기의 띠와 같은 작은 냇물이나 바닷물, 또는 그것을 사이에 둔 가까운 이웃 관계.

一日三秋 일일삼추
하루가 3년처럼 길게 느껴진다는 뜻.

一長一短 일장일단
장점도 있고 단점도 있음.

一進一退 일진일퇴
한 번 나아갔다 한 번 물러섰다 하거나 좋아졌다 나빠졌다 함.

立春大吉 입춘대길
입춘을 맞이하여 길운을 기원하는 글.

● 自強不息 **자강불식**

스스로 힘써 쉬지 아니함.

● 自給自足 **자급자족**

자기의 수요(需要)를 스스로 생산하여 충당(充當)함.

● 自手成家 **자수성가**

물려받은 재산이 없이 자기 혼자의 힘으로 집안을 일으키고 재산을 모음.

● 自業自得 **자업자득**

자기가 저지른 일의 과보(果報)를 자기 자신이 받음.

● 自由自在 **자유자재**

자기의 뜻대로 모든 것이 자유롭고 거침이 없음.

● 作心三日 **작심삼일**

마음먹은 것이 사흘을 가지 못한다는 뜻.

● 電光石火 **전광석화**

'번개가 치거나 부싯돌이 부딪칠 때의 번쩍이는 빛'처럼 '매우 빠른 시간이나 재빠른 움직임'을 비유하여 이르는 말.

● 前無後無 **전무후무**

전에도 없었고 앞으로도 없음.

● 精神一到 **정신일도**

정신을 한 곳으로 집중함.

● 正正堂堂 **정정당당**

(태도·처지·수단 따위가) 바르고 떳떳함.

● 濟世安民 **제세안민**

세상을 구제(救濟)하고 백성을 편안하게 함.

● 朝變夕改 **조변석개**

'아침저녁으로 뜯어 고친다'는 뜻으로 '계획이나 결정을 자주 고침'을 이르는 말.

● 種豆得豆 **종두득두**

'콩 심은 데 콩 난다'는 뜻으로 '원인에 따라 결과가 생김'을 이르는 말.

● 走馬看山 **주마간산**

'말을 달리면서 산을 본다'는 말로, '자세히 살펴보지 않고 대충 보고 지나감'을 뜻함.

● 竹馬故友 **죽마고우**

'죽마(竹馬)를 타고 놀던 벗'이라는 말로, '어릴 때부터 가까이 지낸 친구'를 뜻함.

● 衆口難防 **중구난방**

뭇사람의 말을 이루 다 막기는 어렵다는 뜻.

● 知過必改 **지과필개**

허물이 있는 것을 알면 반드시 고쳐야 함.

● 知行合一 **지행합일**

참 지식은 반드시 실행이 따라야 한다는 말.

● 天災地變 **천재지변**

자연현상에 의해 빚어지는 재앙.

● 清風明月 **청풍명월**

맑은 바람과 밝은 달.

● 草綠同色 **초록동색**

'풀빛과 녹색은 같다'는 뜻으로, '같은 처지에 있는 사람과 어울림'을 이르는 말.

● 初志不變 **초지불변**

처음에 먹은 마음이 끝까지 변하지 않음.

● 寸鐵殺人 **촌철살인**

'조그만 쇠붙이로 사람을 죽인다'는 뜻으로, '한마디의 말로도 남의 약점을 찌를 수 있음'을 이르는 말.

● 秋風落葉 **추풍낙엽**

'가을바람에 떨어지는 나뭇잎'이라는 뜻.

시험에 꼭! 출제되는 꾸러미

● 出將入相 **출장입상**

전시(戰時)에는 싸움터에 나가서 장군(將軍)이 되고, 평시(平時)에는 재상(宰相)이 되어 정치를 함.

● 忠言逆耳 **충언역이**

'충고(忠告)하는 말은 귀에 거슬린다'는 뜻. 충언역어이(忠言逆於耳).

● 他山之石 **타산지석**

'다른 산의 돌이라도 자신의 옥돌을 가는 데에 도움이 된다'는 뜻으로, '하찮은 남의 말이나 행동도 자신의 지식과 인격을 수양하는 데에 도움이 될 수 있음'을 비유하여 이르는 말.

● 卓上空論 **탁상공론**

'탁자 위에서만 펼치는 헛된 이론'이라는 뜻.

● 太平聖代 **태평성대**

어진 임금이 잘 다스리는 태평한 세상이나 시대.

● 八方美人 **팔방미인**

어느 모로 보나 아름다운 사람, 또는 여러 방면에 능통한 사람.

● 敗家亡身 **패가망신**

가산을 탕진하고 몸을 망침.

● 風前燈火 **풍전등화**

바람 앞에 켠 등불처럼 매우 위급한 경우에 놓여 있음을 가리키는 말.

● 下學上達 **하학상달**

낮고 쉬운 것을 배워 깊고 어려운 이치를 깨달음.

● 向陽花木 **향양화목**

'볕을 받은 꽃나무'라는 뜻으로 '잘 될 사람'을 이르는 말.

● 虛氣平心 **허기평심**

기(氣)를 가라앉히고 마음을 고요히 함.

● 虛名虛實 **허명허실**

헛된 이름만 있고 실상이 없음.

● 虛虛實實 **허허실실**

허실(虛實)의 계책을 써서 싸운다는 뜻.

● 花容月態 **화용월태**

'꽃다운 얼굴과 달 같은 자태'라는 뜻.

● 花朝月夕 **화조월석**

①'꽃피는 아침과 달 밝은 밤'이라는 뜻으로, '경치가 좋은 시절'을 이르는 말. ② 보통 '음력 2월 보름(花朝)과 8월 보름(月夕)'을 이르는 말.

● 訓民正音 **훈민정음**

'백성을 가르치는 바른 소리'라는 뜻으로, '1443년에 세종이 창제한 우리나라 글자'를 이르는 말.

약자(略字)

글자의 획수를 줄여서 쓴 글자를 말합니다.

※ 4급II 시험에 출제되는 약자는 5급II[400자] 범위 내에서 출제
됩니다.

価	價(값 가)	変	變(변할 변)
数	數(셈 수)	関	關(관계할 관)
実	實(열매 실)	観	觀(볼 관)
児	兒(아이 아)	広	廣(넓을 광)
悪	惡(악할 악)	区	區(구분할 구)
薬	藥(약 약)	旧	舊(예 구)
医	醫(의원 의)	国	國(나라 국)
気	氣(기운 기)	战 戦	戰(싸움 전)
団	團(둥글 단)		
伝	傳(전할 전)	当	當(마땅 당)
㝎	定(정할 정)	対	對(대할 대)
卆	卒(마칠 졸)	図	圖(그림 도)
昼	晝(낮 주)	独	獨(홀로 독)
質	質(바탕 질)	読	讀(읽을 독)
参	參(참여할 참)	楽	樂(즐길 락)

来	來(올 래)	体	體(몸 체)
礼	禮(예도 례)	学	學(배울 학)
労	勞(일할 로)	号	號(이름 호)
万	萬(일만 만)	画	畫(그림 화)
会	會(모일 회)	発	發(필 발)

46 한자능력검정시험 4급II

(사) 한국어문회 주관

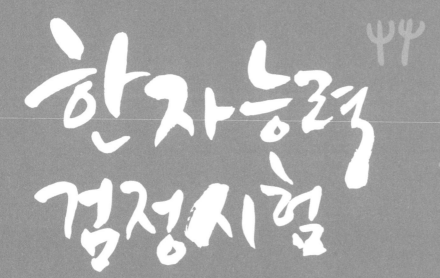

한자능력
검정시험

예상문제 **4**급 II

▷ 1회 ~ 13회

정답과 해설은 137 ~ 149쪽에 있습니다.

01 다음 밑줄 친 漢字語의 讀音을 쓰시오.

01~35번

01 새로 이사한 집의 침실을 꽃무늬 **壁紙**로 도배했다. ·················· [   ]

02 친구와 열띤 **論爭**을 벌였다.
·························· [   ]

03 야구장에 많은 관중이 **雲集**했다.
·························· [   ]

04 다행히 화살은 **急所**를 피하였다.
·························· [   ]

05 갑작스레 기계가 **故障**났다.
·························· [   ]

06 큰따옴표는 남의 말을 **引用**할 때에 쓴다.
·························· [   ]

07 감기에는 **休息**보다 좋은 약이 없다.
·························· [   ]

08 그는 서울에 오면 단골 **旅宿**에 묵는다.
·························· [   ]

09 해안 마을은 **暴風**으로 폐허가 되었다.
·························· [   ]

10 그 사건의 진상은 뜻밖에도 **單純**하였다.
·························· [   ]

11 음악에 맞추어 **律動**을 시작했다.
·························· [   ]

12 친구와 함께 난로가에 앉아 **談笑**를 나누었다.
·························· [   ]

13 도로 확장 공사가 한창이라 **步行**이 불편하다.
·························· [   ]

14 모든 학문은 **眞理**를 탐구한다.
·························· [   ]

15 뒷산에 올라 **海邊**을 바라보았다.
·························· [   ]

16 자기 민족의 문화보다 **未開**하다고 여겼다.
·························· [   ]

17 국회의 **立法** 과정을 살펴보았다.
·························· [   ]

18 내용을 항목별로 **羅列**하였다.
·························· [   ]

19 누나는 박사학위를 **取得**하였다.
·························· [   ]

20 아이들은 선생님을 **敬愛**하였다.
·························· [   ]

21 그는 당에서 **除名**되어 당적을 잃었다.
·························· [   ]

22 명백한 논거를 **提示**하였다.
·························· [   ]

23 서로의 처지를 **理解**하고 아껴주었다.
·························· [   ]

24 아버지께서는 올해 **무起**축구 동호회에 가입하셨다. ·················· [   ]

25 누나는 공부를 위해 **留學**을 떠났다.
·························· [   ]

26 백설공주는 **毒藥**이 든 사과를 먹고 말았다.
·························· [   ]

27 범인이 **警察**에 붙잡혔다.
·························· [   ]

28 그들은 마치 **圓卓**의 기사처럼 보였다.
   ························· [　　　]

29 입후보자의 **演說**이 시작되었다.
   ························· [　　　]

30 품질이 **良好**하다는 판정을 받았다.
   ························· [　　　]

31 불굴의 의지로 **苦難**을 이겨냈다.
   ························· [　　　]

32 빠른 속도로 **航進**하고 있다.
   ························· [　　　]

33 각 단체는 **連帶**하여 시위를 벌였다.
   ························· [　　　]

34 회사 정문은 **守衛**가 지키고 있었다.
   ························· [　　　]

35 윤봉길 의사는 농촌**復興**운동에 앞장섰다.
   ························· [　　　]

02 다음 漢字의 訓과 音을 쓰시오.   36~57번

36 統 [　　　]　　37 府 [　　　]

38 眼 [　　　]　　39 謝 [　　　]

40 飮 [　　　]　　41 治 [　　　]

42 益 [　　　]　　43 祝 [　　　]

44 災 [　　　]　　45 怒 [　　　]

46 責 [　　　]　　47 廣 [　　　]

48 壇 [　　　]　　49 曜 [　　　]

50 斗 [　　　]　　51 歷 [　　　]

52 權 [　　　]　　53 氷 [　　　]

54 束 [　　　]　　55 雄 [　　　]

56 基 [　　　]　　57 習 [　　　]

03 다음 문장에서 밑줄 친 漢字語를 漢字(正字)로 쓰시오.   58~67번

58 유적지는 역사적인 **사건**이 일어난 곳이다.
   ························· [　　　]

59 예부터 **중요** 도시는 교통이 발달하였다.
   ························· [　　　]

60 화가 났지만 맞설 수는 없는 **형편**이었다.
   ························· [　　　]

61 하늘로 날아갈 듯 **기분**이 좋아졌다.
   ························· [　　　]

62 우리 **실정**에 맞는 농사법을 책으로 엮었다.
   ························· [　　　]

63 인간은 존엄하며 **자유**롭고 평등해야 한다.
   ························· [　　　]

64 새해를 맞이하여 **운수**를 점쳐보았다.
   ························· [　　　]

65 인천 **상륙** 작전으로 서울을 되찾았다.
   ························· [　　　]

66 약재와 향료는 대부분 **고가**로 팔렸다.
   ························· [　　　]

67 서양 세력은 **통상**을 요구하며 강화도를 침략했다. ········· [　　　]

04 다음 (　) 안의 뜻풀이를 참고하여 제시된 漢字語를 漢字(正字)로 쓰시오.   68~77번

68 **표기**(적어서 나타냄, 또는 그런 기록)
   ························· [　　　]

69 **급훈**(학급에서 교육 목표로 정한 덕목)
   ························· [　　　]

70 **언약**(말로 약속함)
   ························· [　　　]

71 **세면**(얼굴을 씻음) ····· [　　　]

72 반절(절반에 해당하는 분량)

.... [   ]

73 직구(야구에서 변화를 주지 않고 곧게 던지

는 공) .... [   ]

74 부재(그곳에 있지 아니함) [   ]

75 국사(나라의 역사) ..... [   ]

76 관객(구경하는 사람) ... [   ]

77 친지(친근하게 잘 알고 지내는 사람)

.... [   ]

05 다음 漢字와 서로 뜻이 반대 또는 상대되는
漢字를 써서 단어를 만드시오.   78~80번

78 陰 ↔ [   ]   **79** 得 ↔ [   ]

80 晝 ↔ [   ]

06 다음 漢字語와 讀音이 같은 漢字語가 되도록
[   ] 안에 漢字(正字)를 쓰되, 제시된 뜻에
맞추시오.   81~83번

81 政黨 - 正 [   ] : 올바르고 마땅함.

82 防火 - [   ] 火 : 일부러 불을 지름.

83 敬老 - 經 [   ] : 지나는 길.

07 다음 漢字의 略字약자를 쓰시오.   84~86번

84 傳 - [   ]   **85** 禮 - [   ]

86 對 - [   ]

08 다음 漢字와 서로 뜻이 비슷한 한자를 써서
단어를 만드시오.   87~89번

| 보기 |

土 - [地   ]

87 兵 - [   ]   **88** 境 - [   ]

89 到 - [   ]

09 다음 [   ] 안에 알맞은 漢字(正字)를 써서
四字成語를 완성하시오.   90~94번

90 初志不 [   ]

: '처음에 먹은 마음이 끝까지 변하지 않음'을
이르는 말.

91 [   ] 不將軍

: '혼자서는 장군이 못 된다'는 뜻으로, '모든
일은 함께 도와서 해야 함'을 이르는 말.

92 博學多 [   ]

: 학식이 넓고 많음.

93 [   ] 危思義

: 위태로움을 보면 의를 생각함.

94 [   ] 前燈火

: '바람 앞의 등불'이라는 뜻으로, '매우 위
급한 처지'를 비유하여 이르는 말.

10 다음 漢字의 部首로 맞는 것을 골라 그 번호를
쓰시오.   95~97번

95 寒 [   ] : ① 冫 ② 三 ③ 宀 ④ 共

96 最 [   ] : ① 日 ② 取 ③ 耳 ④ 又

97 觀 [   ] : ① ⧾ ② 口 ③ 隹 ④ 見

11 다음 漢字語의 뜻을 쓰시오.   98~100번

98 同化 : [   ]

99 失效 : [   ]

100 改善 : [   ]

02회

한자능력검정시험 4급Ⅱ
예상문제

(사) 한국어문회 주관	
합격문항	70문항
시험시간	50분
정답	138쪽

01 다음 밑줄 친 漢字語의 讀音을 쓰시오.

01~35번

01 종일 걸려 역사책을 讀破했다.

.... [   ]

02 열차는 貨物을 싣고 달렸다.

.... [   ]

03 어린 왕의 血脈은 아무도 없었다.

.... [   ]

04 사생대회에서 銅賞을 받았다.

.... [   ]

05 야학을 열어 후학을 指導하였다.

.... [   ]

06 그는 초대 總督을 지냈다.

.... [   ]

07 번뇌에 시달리는 衆生을 교화하였다.

.... [   ]

08 먹물이 종이에 잘 吸收되었다.

.... [   ]

09 정월대보름에 民俗놀이를 하였다.

.... [   ]

10 자유와 평등을 주장하는 論說을 읽었다.

.... [   ]

11 장군은 좀처럼 進退를 결정하지 못했다.

.... [   ]

12 그는 간첩으로 誤認되어 곤욕을 치렀다.

.... [   ]

13 특별활동을 학생들의 自律에 맡겼다.

.... [   ]

14 두 나라는 대립적인 關係를 청산하였다.

.... [   ]

15 그는 성격이 모나지 않고 圓滿하였다.

.... [   ]

16 그곳은 美麗한 자연경관을 자랑하였다.

.... [   ]

17 회장 선거를 거수로 票決하였다.

.... [   ]

18 석굴암은 우리나라의 대표적인 석굴 寺院이다. .... [   ]

19 감기 때문에 학교를 缺席했다.

.... [   ]

20 맷돌에 綠豆를 갈아 지짐을 하였다.

.... [   ]

21 무사가 사냥하는 모습의 壁畫가 발견되었다.

.... [   ]

22 동생은 용돈을 모아 貯蓄을 하였다.

.... [   ]

23 정부는 노동자를 미개척지로 移住시켰다.

.... [   ]

24 동물의 侵害로부터 식물을 보호하였다.

.... [   ]

25 가격을 規制하여 경제안정을 꾀하였다.

.... [   ]

26 종류가 많아서 낱낱이 列擧할 수가 없다.

.... [   ]

27 기상악화로 모든 선박의 출입이 禁止되었다.

28 야밤에 잠행하는 일이 **許多**하였다.
················· [   ]

29 내가 너무 민감하게 **反應**한 것 같다.
················· [   ]

30 그는 종전의 **記錄**을 깨뜨렸다.
················· [   ]

31 온갖 대소사를 **賢明**하게 처리하였다.
················· [   ]

32 그의 경솔한 언동이 자못 **不快**하였다.
················· [   ]

33 오염 방지 **施設**을 가동하였다.
················· [   ]

34 기나긴 **航海** 끝에 보물섬에 다다랐다.
················· [   ]

35 외국인들이 서울로 **研修**를 왔다.
················· [   ]

02 다음 漢字의 訓과 音을 쓰시오.   36~57번

36 除 [   ] **37** 印 [   ]

38 完 [   ] **39** 板 [   ]

40 貴 [   ] **41** 容 [   ]

42 例 [   ] **43** 節 [   ]

44 望 [   ] **45** 英 [   ]

46 鼻 [   ] **47** 純 [   ]

48 雪 [   ] **49** 稅 [   ]

50 材 [   ] **51** 拜 [   ]

52 提 [   ] **53** 康 [   ]

54 唱 [   ] **55** 官 [   ]

56 暖 [   ] **57** 博 [   ]

03 다음 문장에서 밑줄 친 漢字語를 漢字(正字)로 쓰시오.   58~67번

58 사또에게 **신임**을 얻기 위해 노력하였다.
················· [   ]

59 할아버지는 **연세**가 여든이 넘으셨다.
················· [   ]

60 나라에서는 불법으로 장사하는 난전을 **단속**하였다. ········· [   ]

61 독도에 등대를 세워 세계에 우리 영토임을 **통고**하였다. ········ [   ]

62 자유와 평등을 **강조**하는 계몽사상이 널리 퍼졌다. ········· [   ]

63 간단한 바람자루를 만들어 **풍속**을 측정하였다. ········· [   ]

64 고산병이란 산소를 **충분**히 마시지 못해 생기는 병이다. ········· [   ]

65 기본 동작을 익히고 되풀이하며 **연습**을 하였다. ········· [   ]

66 신앙을 전파해야 한다는 **사명**을 가졌다.
················· [   ]

67 미영이는 우리 반을 대표하여 회의에 **참석**하였다. ········· [   ]

04 다음 (   ) 안의 뜻풀이를 참고하여 제시된 漢字語를 漢字(正字)로 쓰시오.   68~77번

68 **구습**(낡은 풍습) ········· [   ]

69 **면전**(보고 있는 앞) ··· [   ]

70 **화술**(말재주) ··········· [   ]

71 **평화**(평온하고 화목함) ·· [   ]

72 **졸업**(정해진 교과 과정을 모두 마침)
················· [   ]

73 약수(어떤 수나 식을 나누어 떨어지게 할 수 있는 수나 식) ………… [   ]

74 도래(닥쳐옴) …………… [   ]

75 휴양(편히 쉬면서 마음과 몸을 건강하게 함)
………………………… [   ]

76 기금(어떤 목적을 위하여 적립하거나 준비하여 두는 자금) ……… [   ]

77 행상(이리저리 돌아다니며 물건을 팖)
………………………… [   ]

05 다음 漢字와 서로 뜻이 반대 또는 상대되는 漢字를 써서 單語를 만드시오.   78~80번

78 [   ] ↔ 末   **79** 虛 ↔ [   ]

80 新 ↔ [   ]

06 다음 漢字와 소리는 같으나 뜻이 다른 漢字語를 쓰시오.   81~83번

81 神仙 - 新[   ] : 새롭고 산뜻함.

82 初志 - [   ]地 : 풀이 나 있는 땅.

83 定員 - 庭[   ] : 집안의 뜰이나 꽃밭.

07 다음 漢字의 略字약자를 쓰시오.   84~86번

84 當 - [   ]   **85** 變 - [   ]

86 獨 - [   ]

08 다음 漢字와 서로 뜻이 비슷한 漢字를 써서 單語를 만드시오.   87~89번

보기
土 - [地   ]

87 [   ] - 謠   **88** 退 - [   ]

89 知 - [   ]

09 다음 한자어의 [   ] 안에 알맞은 漢字를 쓰시오.   90~94번

90 百年河 [   ]
: '아무리 바라고 기다려도 실현될 가망이 없음'을 이르는 말.

91 忠 [   ] 逆耳
: '바르게 타이르는 말일수록 듣기 싫어함'을 이르는 말.

92 燈下不 [   ]
: '등잔 밑이 어둡다'는 뜻으로, 가까이 있는 것을 오히려 잘 모름을 이르는 말.

93 難攻 [   ] 落
: '공격하기가 어려워 좀처럼 함락되지 아니함'을 이르는 말.

94 一 [   ] 二鳥
: '한 가지 일로써 두 가지의 이익을 얻음'을 이르는 말.

10 다음 漢字의 部首로 맞는 것을 골라 그 번호를 쓰시오.   95~97번

95 謝 [   ] : ① 言 ② 身 ③ 寸 ④ 射

96 義 [   ] : ① 羊 ② 我 ③ 戈 ④ 弋

97 應 [   ] : ① 广 ② 人 ③ 隹 ④ 心

11 다음 漢字語의 뜻을 쓰시오.   98~100번

98 信奉 : [   ]

99 過失 : [   ]

100 放牧 : [   ]

01 다음 밑줄 친 漢字語의 讀音을 쓰시오.

01~35번

01 1989년 독일의 베를린 **障壁**이 철거되었다.
······························· [   ]

02 그릇을 끓는 물에 **消毒**하였다.
······························· [   ]

03 그는 자신의 **假說**을 발표하였다.
······························· [   ]

04 방과 후 수업을 **申請**하였다.
······························· [   ]

05 구청의 담당 **係員**이 친절하였다.
······························· [   ]

06 창문에 **防蟲** 시설을 하였다.
······························· [   ]

07 많은 손님들이 우리 집을 **來訪**하였다.
······························· [   ]

08 오랜 항해 끝에 육지에 **到達**했다.
······························· [   ]

09 선장의 **指示**대로 돛을 올렸다.
······························· [   ]

10 그는 공공기관의 **舍宅**에서 살고 있다.
······························· [   ]

11 학교의 **講堂**에서 학예회 연습을 했다.
······························· [   ]

12 경찰은 **非常** 근무에 들어갔다.
······························· [   ]

13 그는 남을 너그럽게 **包容**할 줄 아는 사람이다.
······························· [   ]

14 오늘의 고통이 내일의 **榮光**을 가져다줄 것이다. ······························· [   ]

15 희미한 **電燈**을 새것으로 갈아 끼웠다.
······························· [   ]

16 정성 어린 간호에 아버지는 **健康**을 되찾았다.
······························· [   ]

17 그 이야기는 설화처럼 민간에 **傳乘**되었다.
······························· [   ]

18 "선생님의 **令息**이 올해 입대한다는군."
······························· [   ]

19 삼촌은 산에서 살며 몸과 정신을 **修養**하였다.
······························· [   ]

20 원장의 출타로 부원장이 **職務**를 대신했다.
······························· [   ]

21 골치 아픈 일을 **解決**하니 마음이 후련하다.
······························· [   ]

22 공공장소에서는 **禁煙**해야 한다.
······························· [   ]

23 다양한 분야에 걸친 **應用**이 시도되었다.
······························· [   ]

24 멸종 위기에 처한 **國際** 보호 동물을 보호하였다. ······························· [   ]

25 그는 결코 동지를 **背信**하지 않았다.
······························· [   ]

26 호수같이 잔잔한 바다를 **快速**으로 내달렸다.
······························· [   ]

27 그는 거만한 **表情**으로 노려보았다.
······························· [   ]

28 양측은 회담을 **早期**에 타결하였다.

　　……………………………… [　　　　]

29 경쟁업체는 가격을 **破格**적으로 내렸다.

　　……………………………… [　　　　]

30 농가에서는 농한기를 틈타 **副業**을 시작하였다. ……………………… [　　　　]

31 경기에 참가한 선수들의 **血液**을 채취하였다.

　　……………………………… [　　　　]

32 인공위성에서 기상을 **觀測**하였다.

　　……………………………… [　　　　]

33 자신의 **過誤**를 반성하였다.

　　……………………………… [　　　　]

34 울창했던 **密林**이 훼손되고 있다.

　　……………………………… [　　　　]

35 이재민들은 구호식량을 **配給**받았다.

　　……………………………… [　　　　]

02 다음 漢字의 訓과 音을 쓰시오. 　36~57번

36 島 [　　　] 　37 麗 [　　　]

38 攻 [　　　] 　39 脈 [　　　]

40 落 [　　　] 　41 飛 [　　　]

42 童 [　　　] 　43 壓 [　　　]

44 列 [　　　] 　45 波 [　　　]

46 社 [　　　] 　47 調 [　　　]

48 級 [　　　] 　49 衆 [　　　]

50 船 [　　　] 　51 總 [　　　]

52 橋 [　　　] 　53 葉 [　　　]

54 星 [　　　] 　55 走 [　　　]

56 兒 [　　　] 　57 偉 [　　　]

03 다음 문장에서 밑줄 친 漢字語를 漢字(正字)로 쓰시오. 　58~67번

58 아마존 유역의 **소수** 민족을 취재하였다.

　　……………………………… [　　　　]

59 두 선수는 서로 **승산**이 있다고 장담하였다.

　　……………………………… [　　　　]

60 전교생이 **교가**를 제창하였다.

　　……………………………… [　　　　]

61 소문은 삽시간에 **읍내**에까지 퍼졌다.

　　……………………………… [　　　　]

62 친구들과 **전과**를 보며 숙제를 하였다.

　　……………………………… [　　　　]

63 삼촌은 **독학**으로 사법고시에 합격하였다.

　　……………………………… [　　　　]

64 마을 앞 고속도로는 **직선**으로 뻗어있다.

　　……………………………… [　　　　]

65 첨단산업을 개발하고 **육성**하였다.

　　……………………………… [　　　　]

66 농산물 **거래**가 활발하다.

　　……………………………… [　　　　]

67 요사이 **외계** 비행물체가 자주 출현하고 있다.

　　…………………………………… [　　　　]

04 다음 (　　) 안의 뜻풀이를 참고하여 제시된 漢字語를 漢字(正字)로 쓰시오. 　68~77번

68 **일광**(햇빛) ……………… [　　　　]

69 **종례**(하루의 일과를 마치고 담임선생님과 학생들이 한 곳에 모여 나누는 인사)

　　……………………………… [　　　　]

70 **주목**(주의 깊게 살핌) ‥ [　　　　]

71 **필자**(글이나 글씨를 쓴 사람)

　　……………………………… [　　　　]

72 **착륙**(비행기 따위가 땅 위에 내림)

　　……………………………… [　　　　]

73 순풍(순하게 부는 바람) ‥ [　　　　]

74 개점(가게를 내어 영업을 처음 시작함)
　‥‥‥‥‥‥‥‥‥‥‥‥‥ [　　　　]

75 단장(일정한 단체의 우두머리)
　‥‥‥‥‥‥‥‥‥‥‥‥‥ [　　　　]

76 국운(나라의 운명) ‥‥‥ [　　　　]

77 전공(전투에서 세운 공로)
　‥‥‥‥‥‥‥‥‥‥‥‥‥ [　　　　]

05 다음 漢字와 서로 뜻이 반대 또는 상대되는 漢字를 써서 單語를 만드시오. 78~80번

78 將 ↔ [　　　] **79** 利 ↔ [　　　]
80 勞 ↔ [　　　]

06 다음 漢字와 소리는 같으나 뜻이 다른 漢字語를 쓰시오. 81~83번

81 時調 - [　　　]祖
　: 한 가계의 맨 처음이 되는 조상.

82 公海 - 公[　　　]
　: 생활환경에 미치는 여러 가지 피해.

83 受賞 - 首[　　　]
　: 내각의 우두머리.

07 다음 漢字의 略字약자를 쓰시오. 84~86번

84 關 - [　　　] **85** 參 - [　　　]
86 畫 - [　　　]

08 다음 漢字와 서로 뜻이 비슷한 漢字를 써서 單語를 만드시오. 87~89번

| 보기 |
| 土 - [　地　] |

87 正 - [　　　] **88** 幸 - [　　　]
89 尊 - [　　　]

09 다음 漢字語의 [　] 안에 알맞은 漢字를 쓰시오. 90~94번

90 以心 [　　　] 心
　: 마음에서 마음으로 뜻을 전함.

91 虛氣 [　　　] 心
　: 기운을 가라앉히고 마음을 고요히 함.

92 起 [　　　] 回生
　: 중병으로 죽을 뻔하다가 다시 살아남.

93 [　　　] 牛一毛
　: '썩 많은 것 가운데 섞인 아주 적은 것'을 비유하여 이르는 말.

94 竹馬故 [　　　]
　: '어릴 때부터 같이 놀며 자란 오랜 벗'을 이르는 말.

10 다음 漢字의 部首로 맞는 것을 골라 그 번호를 쓰시오. 95~97번

95 務 [　　　] : ① 夂 ② 力 ③ 予 ④ 矛
96 鐵 [　　　] : ① 金 ② 戈 ③ 吉 ④ 王
97 案 [　　　] : ① 宀 ② 女 ③ 木 ④ 安

11 다음 漢字語의 뜻을 쓰시오. 98~100번

98 要人 : [　　　　　]
99 種子 : [　　　　　]
100 話術 : [　　　　　]

04회

한자능력검정시험 4급 II
예상문제

(사) 한국어문회 주관	
합격문항	70문항
시험시간	50분
정 답	140쪽

01 다음 밑줄 친 漢字語의 讀音을 쓰시오.

01~35번

01 친구의 안부 편지에 **答狀**하였다.

·············· [   ]

02 노동자의 권익을 **保護**하는 법을 제정하였다.

·············· [   ]

03 경비병들은 수상한 움직임에 **發砲**하였다.

·············· [   ]

04 수입과 지출을 **加減**해서 저축을 하였다.

·············· [   ]

05 두 사람의 대립은 **殺伐**하고 진지했다.

·············· [   ]

06 학교 축제가 3년 만에 **復活**하였다.

·············· [   ]

07 어둠이 내리자 **暗黑** 속으로 빠져들었다.

·············· [   ]

08 국민의 복리 **增進**에 힘썼다.

·············· [   ]

09 백성들에게 **善政**을 베풀었다.

·············· [   ]

10 선수들은 강도 높은 **訓練**을 이겨냈다.

·············· [   ]

11 글 속에는 지은이의 지식과 삶의 **經驗**이 녹아 있다. ·············· [   ]

12 서울 강북에는 유서 깊은 **古宮**이 많이 있다.

·············· [   ]

13 그의 표정에는 언제나 패기와 **情熱**이 넘친다.

·············· [   ]

14 입학원서를 **接受**하고 합격을 기원했다.

·············· [   ]

15 방학 동안 **鳥類**의 생태를 관찰하였다.

·············· [   ]

16 형제는 아버지의 유산을 **相續**하였다.

·············· [   ]

17 1박 2일의 짧은 **旅程**을 떠나기로 하였다.

·············· [   ]

18 그의 이야기는 **理致**에 맞지 않았다.

·············· [   ]

19 과도한 **冷房**기기의 사용은 건강에 해롭다.

·············· [   ]

20 긴급한 재난에 대처할 방비책이 **切實**하다.

·············· [   ]

21 그는 **將次** 민족의 거목이 될 인물이다.

·············· [   ]

22 역사는 문화 **創造**와 계승의 과정이다.

·············· [   ]

23 모두 그의 **提案**에 찬성하였다.

·············· [   ]

24 내 생활은 차츰 그곳 **風俗**에 동화되어 갔다.

·············· [   ]

25 친구에게 보낼 **小包**를 포장했다.

·············· [   ]

26 홍수로 많은 가옥과 논밭이 **流失**되었다.

·············· [   ]

27 누나는 부모님의 반대에 부딪쳐 하려던 일을 **斷念**하고 말았다. ········ [   ]

28 고깃배들이 **築港**으로 모여들었다.

·············· [   ]

29 석유 파동의 **餘波**로 물가가 크게 올랐다.

·············· [   ]

30 염색체 수가 다른 개체보다 **倍數**가 되었다.
.... [   ]

31 사람마다 **個性**이 다르듯이 가풍도 다르다.
.... [   ]

32 우리는 그의 **唱導**에 시위에 뛰어들었다.
.... [   ]

33 떨리는 목소리로 라디오 **放送**을 녹음했다.
.... [   ]

34 그는 종가의 **血統**을 이어갈 사람이었다.
.... [   ]

35 일부 지역에만 **特惠**를 주어 말썽이 일었다.
.... [   ]

02 다음 漢字의 訓과 音을 쓰시오.　36~57번

36 請 [   ]　37 加 [   ]
38 製 [   ]　39 領 [   ]
40 改 [   ]　41 敬 [   ]
42 床 [   ]　43 考 [   ]
44 仙 [   ]　45 帶 [   ]
46 罰 [   ]　47 謠 [   ]
48 浴 [   ]　49 綠 [   ]
50 聖 [   ]　51 吉 [   ]
52 如 [   ]　53 寫 [   ]
54 掃 [   ]　55 省 [   ]
56 班 [   ]　57 商 [   ]

03 다음 (   ) 안의 뜻풀이를 참고하여 제시된 漢字語를 漢字(正字)로 쓰시오.　58~71번

58 **시조**(우리나라 고유의 정형시)
.... [   ]

59 **과제**(처리하거나 해결해야 할 문제)
.... [   ]

60 **주번**(한 주일 동안 하는 근무)
.... [   ]

61 **강요**(강제로 요구함) ‥ [   ]

62 **식수**(나무를 심음) ····· [   ]

63 **낭독**(글을 소리내어 읽음)
.... [   ]

64 **식순**(의식을 진행하는 순서)
.... [   ]

65 **격언**(인생에 대한 교훈이나 경계 따위의 글)
.... [   ]

66 **급류**(물살이 빠른 강물이나 냇물)
.... [   ]

67 **봉사**(사회, 또는 남을 위하여 힘을 바쳐 애씀)
.... [   ]

68 **태반**(반수 이상) ········ [   ]

69 **주관**(자기만의 견해나 관점)
.... [   ]

70 **부정**(올바르지 아니하거나 옳지 못함)
.... [   ]

71 **숙소**(집을 떠나 임시로 묵는 곳)
.... [   ]

04 다음 글을 읽고 밑줄 친 낱말을 漢字로 쓰시오.　72~77번

스물여덟 살이 된 마리는 아홉 살 위인 **물리**[72], **화학**[73] 교사 피에르를 만나 결혼했다. 그들은 과학의 **역사**[74] 에서 가장 잘 어울리는 부부였다. 두 사람은 서로 돕고 격려하며 과학을 연구하였다.

퀴리 부부는 4년에 걸친 연구 끝에 얻은 라듐을 가지고 여러 가지 실험을 해 보았다. 라듐에서 나오는 방사선은 매우 강력해서 어떤 **물질**[75]이든 **통과**[76]한다는 것을 알고 의학에 이용될 수는 없을까 생각하였다.

　그리하여 **인체**[77]의 병든 세포를 라듐의 방사선으로 치료할 수 있다는 것을 실험을 통해 증명하였다.

72 물리 [　　　]　**73** 화학 [　　　]
74 역사 [　　　]　**75** 물질 [　　　]
76 통과 [　　　]　**77** 인체 [　　　]

05 다음 漢字와 뜻이 반대 또는 상대되는 漢字를 써서 漢字語를 만드시오.　78~80번

78 黑 ↔ [　　　]　**79** 祖 ↔ [　　　]
80 苦 ↔ [　　　]

06 다음 漢字와 소리는 같으나 뜻이 다른 漢字語를 쓰시오.　81~83번

81 傳記 − [　　　]氣 : 에너지의 한 형태.
82 天命 − 千 [　　　] : 사람을 세는 단위.
83 科擧 − [　　　]去 : 이미 지나간 때.

07 다음 漢字의 略字약자를 쓰시오.　84~86번

84 圖 − [　　　]　**85** 會 − [　　　]
86 廣 − [　　　]

08 다음 漢字와 서로 뜻이 비슷한 漢字를 써서 單語를 만드시오.　87~89번

|보기|
土 − [　地　]

87 果 − [　　　]　**88** 庭 − [　　　]
89 根 − [　　　]

09 다음 漢字語의 [　　] 안에 알맞은 漢字를 쓰시오.　90~94번

90 八方 [　　　　　] 人
: '여러 방면의 일에 능통한 사람'을 가리키는 말.

91 安分知 [　　　　　]
: 편안한 마음으로 제 분수를 지키며 만족을 앎.

92 門前 [　　　　　] 市
: '문 앞이 저자를 이룬다'는 뜻으로, 찾아오는 사람이 많음을 이르는 말.

93 北 [　　　　　] 三友
: '거문고·술·시'를 아울러 이르는 말.

94 說 [　　　　　] 說來
: 무슨 일의 시비를 따지느라고 말로 옥신각신함.

10 다음 漢字의 部首로 맞는 것을 골라 그 번호를 쓰시오.　95~97번

95 能 [　　　] : ① ㅿ ② 月 ③ 肉 ④ 匕
96 暴 [　　　] : ① 日 ② 日 ③ 共 ④ 水
97 殺 [　　　] : ① 乂 ② 木 ③ 殳 ④ 又

11 다음 漢字語의 뜻을 쓰시오.　98~100번

98 先着 : [　　　　　　]
99 輕視 : [　　　　　　]
100 速步 : [　　　　　　]

05회

한자능력검정시험 4급Ⅱ
예상문제

(사) 한국어문회 주관	
합격문항	70문항
시험시간	50분
정 답	141쪽

01 다음 漢字語의 讀音을 쓰시오.   01~35번

01 公職 [   ]   02 內患 [   ]

03 擔當 [   ]   04 商店 [   ]

05 提請 [   ]   06 減員 [   ]

07 前官 [   ]   08 難題 [   ]

09 蟲齒 [   ]   10 強調 [   ]

11 觀察 [   ]   12 決勝 [   ]

13 毒素 [   ]   14 豊盛 [   ]

15 消失 [   ]   16 衛星 [   ]

17 壁報 [   ]   18 總選 [   ]

19 限界 [   ]   20 鐵則 [   ]

21 備蓄 [   ]   22 無敵 [   ]

23 逆流 [   ]   24 冷害 [   ]

25 料金 [   ]   26 財團 [   ]

27 講演 [   ]   28 樂隊 [   ]

29 興味 [   ]   30 功德 [   ]

31 牧童 [   ]   32 錄畫 [   ]

33 奉仕 [   ]   34 留任 [   ]

35 支障 [   ]

02 다음 漢字의 訓과 音을 쓰시오.   36~57번

36 準 [   ]   37 液 [   ]

38 悲 [   ]   39 築 [   ]

40 勢 [   ]   41 濟 [   ]

42 宿 [   ]   43 副 [   ]

44 暗 [   ]   45 息 [   ]

46 創 [   ]   47 取 [   ]

48 銃 [   ]   49 鄕 [   ]

50 指 [   ]   51 種 [   ]

52 湖 [   ]   53 態 [   ]

54 港 [   ]   55 邊 [   ]

56 比 [   ]   57 屋 [   ]

03 다음 單語를 漢字로 쓰시오.   58~71번

58 **사설**(신문이나 잡지 따위에서, 그 회사의 주장으로서 싣는 논설)

                      [   ]

59 **노상**(길바닥)

                      [   ]

60 **교양**(가르치어 기름)

                      [   ]

61 독백(혼자서 중얼거림)

　　‥‥‥‥‥‥‥‥‥‥‥‥‥‥‥‥ [　　　　]

62 소감(마음에 느낀 바)

　　‥‥‥‥‥‥‥‥‥‥‥‥‥‥‥‥ [　　　　]

63 선두(대열이나 활동 따위에서 맨 앞)

　　‥‥‥‥‥‥‥‥‥‥‥‥‥‥‥‥ [　　　　]

64 인재(학식이나 능력이 뛰어난 사람)

　　‥‥‥‥‥‥‥‥‥‥‥‥‥‥‥‥ [　　　　]

65 사정(일의 형편이나 까닭)

　　‥‥‥‥‥‥‥‥‥‥‥‥‥‥‥‥ [　　　　]

66 특성(일정한 사물에만 있는 특수한 성질)

　　‥‥‥‥‥‥‥‥‥‥‥‥‥‥‥‥ [　　　　]

67 집결(한군데로 모임)

　　‥‥‥‥‥‥‥‥‥‥‥‥‥‥‥‥ [　　　　]

68 습성(습관이 되어 버린 성질)

　　‥‥‥‥‥‥‥‥‥‥‥‥‥‥‥‥ [　　　　]

69 방심(마음을 놓아 버림)

　　‥‥‥‥‥‥‥‥‥‥‥‥‥‥‥‥ [　　　　]

70 주택(사람이 들어가 살 수 있게 지은 집)

　　‥‥‥‥‥‥‥‥‥‥‥‥‥‥‥‥ [　　　　]

71 일과(날마다 일정하게 하는 일)

　　‥‥‥‥‥‥‥‥‥‥‥‥‥‥‥‥ [　　　　]

04 다음 글을 읽고 밑줄 친 낱말을 漢字로 쓰시오.
　　　　　　　　　　　　　　　　　72~77번

> 회　장 : 다음은 학습부에서 **내주**⁷² 계획을 발표
> 　　　　해 주시기 바랍니다.
> 학습부 : 저희는 **학급**⁷³ 문고를 만들자는 **의견**⁷⁴
> 　　　　이 많았습니다. 재미있고 유익한 책을
> 　　　　읽을 수 있게 되었으면 좋겠습니다.
> 회　장 : 이 의견에 **반대**⁷⁵하는 사람은 없을 것
> 　　　　입니다. 찬성하시면 어떤 **방법**⁷⁶으로
> 　　　　할 것인지에 관하여 **발표**⁷⁷해 주십시오.

72 내주 [　　　　]　**73** 학급 [　　　　]

74 의견 [　　　　]　**75** 반대 [　　　　]

76 방법 [　　　　]　**77** 발표 [　　　　]

05 다음 漢字와 서로 뜻이 반대 또는 상대되는
漢字를 써서 單語를 만드시오.　78~80번

78 昨 ↔ [　　　]　**79** [　　　] ↔ 活

80 [　　　] ↔ 低

06 다음 漢字와 소리는 같으나 뜻이 다른 漢字
語를 쓰시오.　81~83번

81 良知 - [　　　]　**82** 對局 - [　　　]

83 傳信 - [　　　]

07 다음 漢字의 略字약자를 쓰시오.　84~86번

84 體 - [　　　]　**85** 數 - [　　　]

86 實 - [　　　]

08 다음 漢字와 같은 뜻의 漢字를 [　　]에 넣어
漢字語를 만드시오.　87~89번

87 [　　　] - 本　**88** 家 - [　　　]

89 [　　　] - 初

09 다음 漢字語의 [   ] 안에 알맞은 한자를 쓰시오.   90~94번

90 花 [   ] 月 夕

: '경치가 좋은 시절'을 이르는 말.

91 草 [   ] 同 色

: '풀빛과 녹색은 같다'는 뜻으로, '이름은 달라도 성질이나 내용이 같음'을 이르는 말.

92 三 寒 四 [   ]

: 7일을 주기로 사흘 동안 춥고 나흘 동안 따뜻한 아시아 동부, 북부 지방의 겨울 기온 현상.

93 有 口 無 [   ]

: '변명이나 항변할 말이 없음'을 이르는 말.

94 良 藥 [   ] 口

: '충고하는 말은 귀에 거슬리지만 자신에게는 이롭다'는 말.

10 다음 漢字의 部首로 맞는 것을 골라 그 번호를 쓰시오.   95~97번

95 狀 [   ] : ① 뉘 ② 丶 ③ 大 ④ 犬

96 災 [   ] : ① 巛 ② 火 ③ 人 ④ 川

97 球 [   ] : ① 王 ② 求 ③ 玉 ④ 水

11 다음 漢字語의 뜻을 쓰시오.   98~100번

98 自責 : [   ]

99 競賣 : [   ]

100 着工 : [   ]

06회

한자능력검정시험 4급Ⅱ
예상문제

(사) 한국어문회 주관	
합격문항	70문항
시험시간	50분
정 답	142쪽

01 다음 漢字語의 讀音을 쓰시오.　01~26번

01 團結 [　　　] 　02 清潔 [　　　]

03 續出 [　　　] 　04 至誠 [　　　]

05 護衛 [　　　] 　06 收支 [　　　]

07 破産 [　　　] 　08 武藝 [　　　]

09 課稅 [　　　] 　10 全盛 [　　　]

11 殺到 [　　　] 　12 江湖 [　　　]

13 精選 [　　　] 　14 隊列 [　　　]

15 斷絶 [　　　] 　16 準備 [　　　]

17 悲話 [　　　] 　18 黨爭 [　　　]

19 農協 [　　　] 　20 希願 [　　　]

21 形態 [　　　] 　22 罪狀 [　　　]

23 謝禮 [　　　] 　24 施惠 [　　　]

25 最低 [　　　] 　26 退治 [　　　]

※ 다음 글을 읽고 물음에 답하시오.

> 가 端午³⁹날이면 益母草⁴⁰와 쑥을 뜯는 風俗⁴¹
> 이 있다. 이날 이것들을 뜯어 말려 두었다
> 가 약으로 쓰기 위해서다. 쑥과 益母草는
> 한약방의 **약재**²⁷로 많이 **사용**²⁸되는데, 특
> 히 단오 무렵에 뜯는 益母草와 쑥은 **약효**²⁹
> 가 있다고 한다.

> 나 나의 바른 삶이 **행복**³⁰한 사회를 이룬다.
> 이를 위해 반드시 갖추어야 할 **품성**³¹은 **정
> 직**³²과 근면이다. 이는 **공동**³³**생활**³⁴의 **기
> 본**³⁵ 자세로서, 우리가 希望⁴²하는 행복한
> 삶을 가꾸는 길이기도 하다.

> 다 우리에겐 **個性**⁴³이 있고 **素質**⁴⁴과 **재능**³⁶이
> 잠재되어 있다. 스스로 **修身**⁴⁵을 하여 자신
> 을 **성장**³⁷시키면 **자신**³⁸이 생기게 된다.

02 윗글에서 밑줄 친 漢字語를 漢字로 쓰시오.
　27~38번

27 약재 [　　　] 　28 사용 [　　　]

29 약효 [　　　] 　30 행복 [　　　]

31 품성 [　　　] 　32 정직 [　　　]

33 공동 [　　　] 　34 생활 [　　　]

35 기본 [　　　] 　36 재능 [　　　]

37 성장 [　　　] 　38 자신 [　　　]

03 윗글에서 밑줄 친 漢字語의 讀音을 쓰시오.
　39~45번

39 端午 [　　　] 　40 益母草 [　　　]

41 風俗 [　　　] 　42 希望 [　　　]

43 個性 [　　　　]   44 素質 [　　　　]

45 修身 [　　　　]

04 다음 漢字語를 漢字로 쓰시오.   46~55번

46 **명명** : 사람, 사물, 사건 등의 대상에 이름을 지어 붙임. ………… [　　　　]

47 **책임** : 꼭 하기로 하고 맡은 일.
………………………… [　　　　]

48 **광고** : 사람들에게 널리 알리는 것.
………………………… [　　　　]

49 **지음** : 마음이 서로 통하는 친한 벗.
………………………… [　　　　]

50 **국산** : 자기 나라에서 생산함.
………………………… [　　　　]

51 **소화** : 음식을 삭임.
………………………… [　　　　]

52 **원근** : 멀고 가까움.
………………………… [　　　　]

53 **대등** : 낮고 높음의 차이가 없이 비슷함.
………………………… [　　　　]

54 **합격** : 어떤 조건을 갖추어 시험이나 검사 따위를 통과하는 일. … [　　　　]

55 **독자** : 책, 신문, 잡지 따위를 읽는 사람.
………………………… [　　　　]

05 다음 漢字의 訓과 音을 쓰시오.   56~77번

56 笑 [　　　　]   57 步 [　　　　]

58 逆 [　　　　]   59 限 [　　　　]

60 尊 [　　　　]   61 因 [　　　　]

62 陸 [　　　　]   63 戶 [　　　　]

64 患 [　　　　]   65 展 [　　　　]

66 際 [　　　　]   67 督 [　　　　]

68 財 [　　　　]   69 黑 [　　　　]

70 錄 [　　　　]   71 勞 [　　　　]

72 擔 [　　　　]   73 兩 [　　　　]

74 勇 [　　　　]   75 減 [　　　　]

76 假 [　　　　]   77 李 [　　　　]

06 다음 漢字와 뜻이 반대 또는 상대되는 漢字를 써서 漢字語를 만드시오.   78~80번

78 曲 ↔ [　　　　]   79 古 ↔ [　　　　]

80 強 ↔ [　　　　]

07 다음 漢字語와 소리는 같으나 뜻이 다른(제시된 뜻에 맞는) 漢字語를 漢字로 쓰시오.   81~83번

81 工人 - 공적인 일에 종사하는 사람.
………………………… [　　　　]

82 理解 - 이익과 손해.
………………………… [　　　　]

83 病死 - 군사, 또는 사병.
………………………… [　　　　]

08 다음 漢字와 같은 뜻의 漢字를 [   ]에 넣어 漢字語를 만드시오.   84~86번

84 眼 - [   ]   85 報 - [   ]

86 [   ] - 志

09 다음 漢字語의 [   ] 안에 알맞은 漢字를 쓰시오.   87~91번

87 人 死 留 [   ]

  : 사람은 죽은 뒤까지 명예를 남겨야 함을 이르는 말.

88 [   ] 日 天 下

  : '사흘간의 천하'라는 뜻으로, '오래 가지 못하는 권력'을 이르는 말.

89 怒 發 [   ] 發

  : 크게 성을 냄.

90 [   ] 面 書 生

  : '한갓 글만 읽고 세상일에 경험이 없는 어두운 사람'을 이르는 말.

91 [   ] 房 四 友

  : '서재에 갖추어야 할 네가지 벗'인 '종이 · 붓 · 벼루 · 먹'을 아울러 이르는 말.

10 다음 漢字의 部首로 맞는 것을 골라 그 번호를 쓰시오.   92~94번

92 導 [   ] : ①首 ②辶 ③道 ④寸

93 勢 [   ] : ①土 ②丸 ③力 ④六

94 築 [   ] : ①竹 ②工 ③凡 ④木

11 다음 漢字語의 뜻을 쓰시오.   95~97번

95 同時 : [   ]

96 復古 : [   ]

97 口傳 : [   ]

12 다음 漢字의 略字약자를 쓰시오.   98~100번

98 區 - [   ]   99 樂 - [   ]

100 佛 - [   ]

01 다음 漢字語의 讀音을 쓰시오.　01~26번

01 歌謠 [　　　]　02 攻防 [　　　]

03 着陸 [　　　]　04 停止 [　　　]

05 副賞 [　　　]　06 惡材 [　　　]

07 急流 [　　　]　08 斗護 [　　　]

09 完決 [　　　]　10 法律 [　　　]

11 監督 [　　　]　12 陰害 [　　　]

13 節次 [　　　]　14 協助 [　　　]

15 常識 [　　　]　16 申告 [　　　]

17 要員 [　　　]　18 赤色 [　　　]

19 祭典 [　　　]　20 忠誠 [　　　]

21 財産 [　　　]　22 災難 [　　　]

23 通貨 [　　　]　24 窓戶 [　　　]

25 英雄 [　　　]　26 配置 [　　　]

※ 다음 글을 읽고 물음에 답하시오.

> 가 한 편의 글은 여러 **문장**[36]이 서로 **密接**[27]한 **關係**[28]를 맺으면서 **連結**[29]되어 있는데 이러한 글은 보통 _序頭_[30] – **본문**[37] – 결말로 구성되어 있다. '序頭' 부분에는 글을 **시작**[38]하는 말이나, **설명**[39]할 대상 등을 쓰고, '본문' 부분에는 시작에서 알린 **문제**[40]나 **사실**[41] 등을 자세히 나타낸다. 그리고 '결말' 부분에는 _內容_[31]을 간추리고 정리하는 내용으로 구성되어 있다.

> 나 글에서 사건의 **전개**[42] _過程_[32]을 파악할 때에는 시간의 바뀜이나 **장소**[43]의 바뀜을 **基準**[33]으로 알아보면 보다 쉽게 알아 낼 수 있다. 또한, 일의 _原因_[34]과 결과를 생각하며 글을 읽으면 사건의 전개 과정을 쉽게 기억할 수 있다. 특히 **전기문**[44]과 같은 글을 읽을 때에는 **시대적**[45]인 배경을 통해 시간의 흐름을 짐작하고 인물이 한 일을 _理解_[35]하는 것이 좋다.

02 윗글에서 밑줄 친 漢字語의 讀音을 쓰시오.　27~35번

27 密接 [　　　]　28 關係 [　　　]

29 連結 [　　　]　30 序頭 [　　　]

31 內容 [　　　]　32 過程 [　　　]

33 基準 [　　　]　34 原因 [　　　]

35 理解 [　　　]

03 윗글에서 밑줄 친 漢字語를 漢字로 쓰시오. 36~45번

36 문장 [　　] 37 본문 [　　]

38 시작 [　　] 39 설명 [　　]

40 문제 [　　] 41 사실 [　　]

42 전개 [　　] 43 장소 [　　]

44 전기문 [　　] 45 시대적 [　　]

04 다음 漢字語를 漢字로 쓰시오. 46~55번

46 양심 : 옳고 그름을 판단하고 바르게 행동 하려는 마음. ………… [　　]

47 음복 : 제사에 썼던 술이나 음식을 나누어 먹는 일. ……… [　　]

48 재래 : 예전부터 있어 전하여 내려온 것. ……………………… [　　]

49 평등 : 치우침이 없이 모두가 한결같음. ……………………… [　　]

50 순번 : 돌아오는 차례, 또는 그 순서. ……………………… [　　]

51 대국 : 마주 앉아서 바둑이나 장기를 둠. ……………………… [　　]

52 수술 : 몸의 일부를 째거나 도려내어 병을 낫게 하는 치료 방법. … [　　]

53 한복 : 우리 나라 고유의 옷. ……………………… [　　]

54 원일 : 설날. ……………………… [　　]

55 운해 : 바다처럼 널리 깔린 구름. ……………………… [　　]

05 다음 漢字의 訓과 音을 쓰시오. 56~77번

56 街 [　　] 57 球 [　　]

58 俗 [　　] 59 登 [　　]

60 聞 [　　] 61 仕 [　　]

62 相 [　　] 63 精 [　　]

64 友 [　　] 65 察 [　　]

66 早 [　　] 67 授 [　　]

68 故 [　　] 69 必 [　　]

70 活 [　　] 71 齒 [　　]

72 未 [　　] 73 警 [　　]

74 毛 [　　] 75 呼 [　　]

76 盛 [　　] 77 求 [　　]

06 다음 漢字와 뜻이 반대 또는 상대되는 漢字를 [　　]에 넣어 漢字語를 만드시오. 78~80번

78 [　　] ↔ 婦　79 [　　] ↔ 冷

80 [　　] ↔ 私

07 다음 漢字語와 소리는 같으나 뜻이 다른(제시된 뜻에 맞는) 漢字語를 쓰시오.   81~83번

81 守分 - 물기.
.... [   ]

82 獨子 - 글을 읽는 사람.
.... [   ]

83 認定 - 사람이 본래 지니고 있는 감정.
.... [   ]

08 다음 漢字와 같은 뜻의 漢字를 [   ]에 넣어 漢字語를 만드시오.   84~86번

84 調 - [   ]   85 肉 - [   ]

86 [   ] - 潔

09 다음 [   ]안에 들어갈 알맞은 漢字를 |보기|에서 찾아 쓰시오.   87~91번

|보기|
敬 原 自 終 工 願 手 首 合

87 始 [   ] 如一   88 [   ] 宿 訓 練

89 統一 [   ] 願   90 地方 [   ] 治

91 [   ] 老 孝 親

10 다음 漢字의 部首를 쓰시오.   92~94번

92 暴 - [   ]   93 準 - [   ]

94 半 - [   ]

11 다음 漢字語의 뜻을 쓰시오.   95~97번

95 再請 : [   ]

96 修學 : [   ]

97 德談 : [   ]

12 다음 漢字의 略字약자를 쓰시오.   98~100번

98 團 - [   ]   99 氣 - [   ]

100 戰 - [   ]

01 다음 漢字語의 讀音을 쓰시오.   01~26번

01 起床 [   ] 02 器官 [   ]

03 斷食 [   ] 04 滿足 [   ]

05 造林 [   ] 06 監禁 [   ]

07 考試 [   ] 08 肉親 [   ]

09 絕對 [   ] 10 參億 [   ]

11 禮拜 [   ] 12 銅製 [   ]

13 掃除 [   ] 14 直列 [   ]

15 敵船 [   ] 16 報恩 [   ]

17 確認 [   ] 18 檢算 [   ]

19 罰則 [   ] 20 容量 [   ]

21 寶貨 [   ] 22 副次 [   ]

23 眼帶 [   ] 24 氣壓 [   ]

25 現狀 [   ] 26 受難 [   ]

※ 다음 글을 읽고 물음에 답하시오.

가 씨름은 먼 옛날부터 행해져 온 우리 겨레의
固有[27]한 民俗[28]놀이이다. 高句麗[29]의 옛
무덤에는 씨름하는 모습의 壁畫[30]가 그려져
있다. 이것으로 보아, 씨름은 高句麗 때나
그 이전[36]부터 시작[37]되었음을 알 수 있다.
高句麗에서 부족[38] 간 競技[31] 종목[39]의 하나
로 盛行[32]하였던 씨름은 高麗를 거쳐 조선[40]
시대[41]로 이어져 발전[42]하였다.

나 가배는 新羅[33] 유리왕 때에 宮中[34]에서 하던
놀이로, 왕녀[43]들이 나라 안의 여자들을 두
편으로 갈라 밤낮으로 길쌈을 하여, 음력 8
월 15일에 승부를 결정[44]하여 진 편이 이긴
편에게 음식[45]을 待接[35]하고 함께 즐기며 놀
던 풍속이었다.

02 윗글에서 밑줄 친 漢字語의 讀音을 쓰시오.
          27~35번

27 固有 [   ] 28 民俗 [   ]

29 高句麗 [   ] 30 壁畫 [   ]

31 競技 [   ] 32 盛行 [   ]

33 新羅 [   ] 34 宮中 [   ]

35 待接 [   ]

03 윗글에서 밑줄 친 漢字語를 漢字로 쓰시오.

36~45번

36 이전 [   ]   37 시작 [   ]

38 부족 [   ]   39 종목 [   ]

40 조선 [   ]   41 시대 [   ]

42 발전 [   ]   43 왕녀 [   ]

44 결정 [   ]   45 음식 [   ]

04 다음 문장에서 밑줄 친 漢字語를 漢字로 쓰시오.

46~55번

46 폭풍우 속을 **무사**히 항해하였다.

[   ]

47 **온실**효과로 지구 전체의 기온이 상승하고 있다. [   ]

48 적군은 **추풍낙엽**같이 쓰러졌다.

[   ]

49 오늘은 우리 학교 **개교** 기념일이다.

[   ]

50 산에는 **각색**의 꽃들로 물들고 있다.

[   ]

51 명절에는 **일가**가 모여 차례를 지내고 덕담을 나눈다. [   ]

52 인격은 누구나 **동등**하게 존중되어야 한다.

[   ]

53 감기에 걸려 하루에 세 번 약을 **복용**하고 있다. [   ]

54 삶의 길잡이가 되는 말을 **금언**이라고 한다.

[   ]

55 악천후 때문인지 무선 **교신**이 자주 끊겼다.

[   ]

05 다음 漢字의 訓과 音을 쓰시오.   56~77번

56 期 [   ]   57 具 [   ]

58 努 [   ]   59 伐 [   ]

60 陰 [   ]   61 約 [   ]

62 油 [   ]   63 境 [   ]

64 志 [   ]   65 夏 [   ]

66 背 [   ]   67 角 [   ]

68 醫 [   ]   69 切 [   ]

70 冷 [   ]   71 眞 [   ]

72 漁 [   ]   73 城 [   ]

74 試 [   ]   75 宗 [   ]

76 航 [   ]   77 希 [   ]

06 다음 漢字와 뜻이 반대 또는 상대되는 漢字를 [   ]에 넣어 漢字語를 만드시오. 78~80번

78 多 ↔ [   ]   79 [   ] ↔ 暗

80 [   ] ↔ 末

07 다음 漢字語와 소리는 같으나 뜻이 다른(제시된 뜻에 맞는) 漢字語를 쓰시오.   81~83번

81 武勇 – 쓸모가 없음.

.... [   ]

82 引導 – 사람의 도리.

.... [   ]

83 救護 – 짤막한 호소, 또는 글.

.... [   ]

08 다음 漢字와 같은 뜻의 漢字를 [   ]에 넣어 漢字語를 만드시오.   84~86번

84 [   ] – 實   **85** 心 – [   ]

86 [   ] – 遠

09 다음 [   ] 안에 들어갈 알맞은 漢字를 |보기|에서 찾아 쓰시오.   87~91번

|보기|

窓 校 間 相 東 朝 賞 私 聞

87 [   ]變夕改

: 아침저녁으로 뜯어고친다는 뜻으로, 계획이나 결정 따위가 일관성이 없이 자주 바뀜을 이르는 말.

88 [   ]一知十

: 하나를 들으면 열 가지를 미루어 안다는 뜻으로, 지극히 총명함을 이르는 말.

89 馬耳[   ]風

: 동풍이 말의 귀를 스쳐 지나간다는 뜻으로, 남의 말을 귀담아듣지 않고 지나쳐버림을 이르는 말.

90 先公後[   ]

: 공적인 일을 먼저 하고 사사로운 일은 뒤로 미룸.

91 教學[   ]長

: 가르침과 배움이 서로 진보시켜 준다는 뜻으로, 가르치는 일과 배우는 일이 서로 자신의 공부를 진보시킴을 이르는 말.

10 다음 漢字의 部首를 쓰시오.   92~94번

92 爲 – [   ]   **93** 養 – [   ]

94 朗 – [   ]

11 다음 漢字語의 뜻을 쓰시오.   95~97번

95 水防 : [   ]

96 波高 : [   ]

97 夜深 : [   ]

12 다음 漢字의 略字약자를 쓰시오.   98~100번

98 畫 – [   ]   **99** 質 – [   ]

100 勞 – [   ]

01 다음 漢字語의 讀音을 쓰시오.   01~26번

01 波動 [   ]   02 鮮血 [   ]

03 假想 [   ]   04 移植 [   ]

05 毛布 [   ]   06 貧寒 [   ]

07 濟州 [   ]   08 講究 [   ]

09 太宗 [   ]   10 罰金 [   ]

11 權勢 [   ]   12 暴惡 [   ]

13 連任 [   ]   14 應試 [   ]

15 精密 [   ]   16 官職 [   ]

17 宮城 [   ]   18 鳥銃 [   ]

19 測量 [   ]   20 無限 [   ]

21 高潔 [   ]   22 器具 [   ]

23 虛榮 [   ]   24 參拜 [   ]

25 承認 [   ]   26 統計 [   ]

※ 다음 글을 읽고 물음에 답하시오.

가 산촌[36]에서는 山打令[27]·초부가가 불려지고, 들녘에서는 농사와 관련되는 노래, 즉 모심기 노래·밭매기 노래·打作 노래·베틀가·**농부가**[37] 등이 불려지며, 어촌에서는 어부가와 뱃노래가 불려지게 마련이다. 이처럼 **생업**[38]이나 자연은 民謠[28]의 形成에 큰 영향을 주어 온 것이다. 그 民族이 겪어 온 **역사적**[39]인 過程[29]과 그 民族이 살고 있는 사회 환경은 民謠에 많은 영향을 주어 왔다. 전쟁과 苦難[30]의 역사나 **평화**[40]로운 역사냐에 따라 그 民族의 民謠도 그 가락이나 담긴 뜻이 달라진다.

－「民謠이야기」, 임동권

나 우리는 훌륭한 생각을 가진 사람들의 말을 많이 듣고 글을 많이 읽음으로써 올바로 생각하는 **방법**[41]도 배워야 한다. 그리고 우리 스스로도 올바르게 또 創造[31]적으로 생각하도록 努力[32]하여야 한다. 사람은 누구나 가끔 論理[33]에 어긋나게 생각하거나 **일방적**[42]으로 생각할 수 있다. 그렇더라도 자기의 생각이 잘못될 수 있다는 것을 인정하고 항상 操心[34]하며 자신의 생각을 **반성**[43]하면 올바로 생각할 수 있게 된다. 그러므로 바로 생각하는 데 가장 **중요**[44]한 것은 끊임없는 자기 반성과 겸손한 態度[35]이다. 그리고 어떤 사물에 대해서 나 하나뿐만 아니라, 우리 모두가 이제까지 생각해 온 것이 **전부**[45] 잘못되었을 수 있다고 상상해 봄으로써, 이제까지 아무도 생각하지 못했던 것을 생각해 낼 수가 있고, 그렇게 하여 우리 **문화**[46]를 발전시키는 데 큰 구실을 할 수도 있다.

－「올바로 생각하기」, 손봉호

02 윗글에서 밑줄 친 漢字語의 讀音을 쓰시오.
27~35번

27 山打令 [　　　] 28 民謠 [　　　]

29 過程 [　　　] 30 苦難 [　　　]

31 創造 [　　　] 32 努力 [　　　]

33 論理 [　　　] 34 操心 [　　　]

35 態度 [　　　]

03 윗글에서 밑줄 친 漢字語를 漢字로 쓰시오.
36~46번

36 산촌 [　　　] 37 농부가 [　　　]

38 생업 [　　　] 39 역사적 [　　　]

40 평화 [　　　] 41 방법 [　　　]

42 일방적 [　　　] 43 반성 [　　　]

44 중요 [　　　] 45 전부 [　　　]

46 문화 [　　　]

04 다음 문장에서 밑줄 친 漢字語를 漢字로 쓰시오.
47~55번

47 지성이면 **감천**이라고 하더니.
　　　　　　　　　　　　 [　　　]

48 어떤 일이든 **목전**에 닥치기 전에 서둘러야
한다. …………………… [　　　]

49 각 대표의 **의견**이 일치되었다.
　　　　　　　　　　　　 [　　　]

50 붉은 해가 **수평선** 너머로 지고 있다.
　　　　　　　　　　　　 [　　　]

51 중요 사항은 **원로**회의에서 결정하였다.
　　　　　　　　　　　　 [　　　]

52 어머니는 언제나 **다정**다감하시다.
　　　　　　　　　　　　 [　　　]

53 물고기의 **성장** 과정을 관찰하였다.
　　　　　　　　　　　　 [　　　]

54 전쟁으로 인한 **대가**는 너무나 처참하였다.
　　　　　　　　　　　　 [　　　]

55 담징은 일본에 가는 **사자**로 뽑혀 바다를 건
너갔다. …………… [　　　]

05 다음 漢字의 訓과 音을 쓰시오. 56~77번

56 深 [　　　] 57 留 [　　　]

58 祭 [　　　] 59 視 [　　　]

60 銅 [　　　] 61 議 [　　　]

62 得 [　　　] 63 豆 [　　　]

64 藝 [　　　] 65 障 [　　　]

66 放 [　　　] 67 缺 [　　　]

68 將 [　　　] 69 寺 [　　　]

70 師 [　　　] 71 味 [　　　]

72 吸 [　　　] 73 富 [　　　]

74 最 [　　　] 75 侵 [　　　]

76 倍 [　　　] 77 煙 [　　　]

06 다음 漢字와 뜻이 반대 또는 상대되는 漢字를
[　　]에 넣어 漢字語를 만드시오. 78~80번

78 遠 ↔ [　　　　] 79 玉 ↔ [　　　　]

80 [　　　　] ↔ 圓

07 다음 漢字語와 소리는 같으나 뜻이 다른(제시
된 뜻에 맞는) 漢字語를 쓰시오. 81~83번

81 固守 – 수가 높음, 또는 그 사람.
.... [　　　　]

82 肉聲 – 길러서 자라게 함.
.... [　　　　]

83 天明 – 타고난 수명.
.... [　　　　]

08 다음 漢字와 같은 뜻의 漢字를 [　　]에 넣어
漢字語를 만드시오. 84~86번

84 [　　　　] – 體 85 [　　　　] – 慮

86 衣 – [　　　　]

09 다음 [　　] 안에 들어갈 알맞은 漢字를 |보기|
에서 찾아 쓰시오. 87~91번

|보기|

| 小 | 福 | 風 | 間 | 改 | 金 | 高 | 笑 | 油 |

87 見 [　　　　] 如 石
: '황금 보기를 돌같이 한다'는 뜻으로, '지
나친 욕심을 절제하거나 대의(大義)를 위

하여 부귀영화(富貴榮華)를 돌보지 않음'
을 이르는 말.

88 歲 時 [　　　　] 俗
: 예로부터 해마다 관례로 행해지는 행사

89 一 笑 一 [　　　　]
: 한 번 웃으면 그만큼 더 젊어짐.

90 國 利 民 [　　　　]
: 나라의 이익과 국민의 행복

91 品 質 改 [　　　　]
: 물건의 나쁜 점을 고쳐 좋게 함.

10 다음 漢字의 部首를 쓰시오. 92~94번

92 事 – [　　　　] 93 功 – [　　　　]
94 聞 – [　　　　]

11 다음 漢字語의 뜻을 쓰시오. 95~97번

95 部落 : [　　　　　　　　　　]
96 人氣 : [　　　　　　　　　　]
97 再發 : [　　　　　　　　　　]

12 다음 漢字의 略字약자를 쓰시오. 98~100번

98 學 – [　　　　] 99 兒 – [　　　　]
100 發 – [　　　　]

10회

한자능력검정시험 4급Ⅱ
예상문제

(사) 한국어문회 주관	
합격문항	70문항
시험시간	50분
정 답	146쪽

01 다음 漢字語의 讀音을 쓰시오.　01~26번

01 進展 [　　] 　02 輕快 [　　]

03 財貨 [　　] 　04 收養 [　　]

05 起立 [　　] 　06 監房 [　　]

07 令狀 [　　] 　08 深度 [　　]

09 留念 [　　] 　10 精練 [　　]

11 職責 [　　] 　12 統制 [　　]

13 未達 [　　] 　14 退出 [　　]

15 公演 [　　] 　16 牧羊 [　　]

17 店員 [　　] 　18 忠節 [　　]

19 連放 [　　] 　20 增築 [　　]

21 理非 [　　] 　22 婦德 [　　]

23 暖帶 [　　] 　24 毒殺 [　　]

25 群衆 [　　] 　26 血壓 [　　]

※ 다음 글을 읽고 물음에 답하시오.

가 **전기**[27]는 **個人**[37]의 일생을 기술한 글이다. 전기의 가장 큰 **특성**[28]은 **역사**[29]와 문학의 **兩面**[38]성을 띤다는 점이다. 곧, 전기가 사실을 **記錄**[39]하고 **眞實**[40]을 추구해야 한다는 점에서 역사성을 지닌다. 한편 표현을 매끄럽게 하고, 구성을 잘 해야 하며, **독자**[30]에게 **감동**[31]을 주어야 한다는 점에서 문학성을 지닌다. 전기는 줄거리가 있는 문학이라는 점에서 **소설**[32]과 비슷하지만, 사실에 바탕을 둔다는 점에서는 소설과 다르다.

나 현대를 살아가는 우리들에게 좋은 말 한마디는 인생의 좌표로, 생활의 **소중**[33]한 지침이 될 수 있다. 따라서 선인의 슬기와 지혜가 담긴 **俗談**[41]·**격언**[34], 명언·명구의 깊은 뜻을 되새겨 삶의 **교훈**[35]으로 삼도록 하자.

다 **日常**[42] 생활에서 쓰이는 우리말에는 순수한 우리말도 많지만, 한자어로 된 **單語**[43]가 더 많다. 우리들의 성과 이름이 대부분 한자로 되어 있고, 한자가 쓰인 책, 신문이나 잡지 등도 많다. 한문은 오랜 세월에 걸쳐 **사용**[36]되어 왔기 때문에 우리의 언어 생활과 떨어질 수 없는 **密接**[44]한 관계가 있을 뿐만 아니라, 여러 교과를 공부하는 데도 도움이 된다. 이처럼 한문은 우리의 언어 생활을 바르고 효율적으로 할 수 있고, 사고력과 **創意**[45]력을 신장시키는 데도 도움이 된다.

02 윗글에서 밑줄 친 漢字語를 漢字로 쓰시오.
27~36번

27 전기 [　　] 　28 특성 [　　]

29 역사 [　　　] 30 독자 [　　　]

31 감동 [　　　] 32 소설 [　　　]

33 소중 [　　　] 34 격언 [　　　]

35 교훈 [　　　] 36 사용 [　　　]

03 윗글에서 밑줄 친 漢字語의 讀音을 쓰시오.
37~45번

37 個人 [　　　] 38 兩面 [　　　]

39 記錄 [　　　] 40 眞實 [　　　]

41 俗談 [　　　] 42 日常 [　　　]

43 單語 [　　　] 44 密接 [　　　]

45 創意 [　　　]

04 다음 밑줄 친 漢字語를 漢字로 쓰시오.
46~55번

46 그는 나라를 위해 **신명**을 다해 싸웠다.
·······························[　　　]

47 아이들은 미적미적 달아날 **작정**을 하였다.
·······························[　　　]

48 그는 마치 **전장**에 나가는 장수같이 무서운
기세로 덤벼들었다. ····[　　　]

49 동생은 내가 하는 일에 **참견**을 했다.
·······························[　　　]

50 자기 임무에 충실하는 것이 **애국**하는 길이다.
·······························[　　　]

51 서투른 **목수**가 연장을 나무란다.
·······························[　　　]

52 **백미**와 잡곡을 섞어 먹는 것이 몸에 좋다.
·······························[　　　]

53 **의식주**는 사람이 살아가는 데 가장 기본이
된다. ·······················[　　　]

54 화려한 응원이 관중들의 **이목**을 집중시켰다.
·······························[　　　]

55 제주도의 한라산은 **휴화산**이다.
·······························[　　　]

05 다음 漢字의 訓과 音을 쓰시오. 56~77번

56 寶 [　　　] 57 景 [　　　]

58 貧 [　　　] 59 絶 [　　　]

60 竹 [　　　] 61 置 [　　　]

62 修 [　　　] 63 週 [　　　]

64 程 [　　　] 65 防 [　　　]

66 蟲 [　　　] 67 解 [　　　]

68 爲 [　　　] 69 宮 [　　　]

70 砲 [　　　] 71 査 [　　　]

72 隊 [　　　] 73 律 [　　　]

74 單 [　　　] 75 兵 [　　　]

76 惠 [　　　] 77 位 [　　　]

06 다음 漢字와 뜻이 반대 또는 상대되는 漢字를 [　]에 넣어 漢字語를 만드시오. 78~80번

78 [　　　] ↔ 落　**79** 師 ↔ [　　　]

80 [　　　] ↔ 着

07 다음 漢字語와 소리는 같으나 뜻이 다른(제시된 뜻에 맞는) 漢字語를 쓰시오. 81~83번

81 容器 – 씩씩하고 굳센 기운.
　　　　　　　　　　　　[　　　　]

82 交情 – 학교의 운동장.
　　　　　　　　　　　　[　　　　]

83 各道 – 각의 크기.
　　　　　　　　　　　　[　　　　]

08 다음 漢字와 같은 뜻의 漢字를 [　]에 넣어 漢字語를 만드시오. 84~86번

84 [　　　] – 聲　**85** [　　　] – 式

86 素 – [　　　]

09 다음 [　] 안에 들어갈 알맞은 漢字를 |보기|에서 찾아 쓰시오. 87~91번

|보기|

利　火　靑　淸　理　高　心　道　九

87 [　　　] 死一生
: '아홉 번 죽을 뻔하다 한 번 살아난다'는 뜻으로, 여러 차례 죽을 고비를 겪고 간신히 목숨을 건짐을 이르는 말.

88 山 [　　　] 水 長
: '산은 높고 강은 길게 흐른다'는 뜻으로, 어진 사람의 덕행이 높고 오래 전하여 내려오는 것을 이르는 말.

89 [　　　] 風 明 月
: '맑은 바람과 밝은 달'이라는 뜻으로, 결백하고 온건한 성격을 평하여 이르는 말.

90 見 [　　　] 思 義
: 눈 앞에 이익을 보거든 먼저 그것을 취함이 의리에 합당한지를 생각하라는 말.

91 全 [　　　] 全 力
: 온 마음과 온 힘을 다 기울임.

10 다음 漢字의 部首를 쓰시오. 92~94번

92 寺 – [　　　]　**93** 雪 – [　　　]

94 窓 – [　　　]

11 다음 漢字語의 뜻을 쓰시오. 95~97번

95 命名 : [　　　　　　]

96 打算 : [　　　　　　]

97 日光 : [　　　　　　]

12 다음 漢字의 略字약자를 쓰시오. 98~100번

98 舊 – [　　　]　**99** 對 – [　　　]

100 團 – [　　　]

11회

한자능력검정시험 4급Ⅱ
예상문제

(사) 한국어문회 주관

합격문항	70문항
시험시간	50분
정 답	147쪽

01 다음 漢字語의 讀音을 쓰시오. 01~26번

01 印畫 [   ]   02 凶惡 [   ]

03 眞假 [   ]   04 狀態 [   ]

05 確定 [   ]   06 回復 [   ]

07 商街 [   ]   08 請求 [   ]

09 端午 [   ]   10 兩院 [   ]

11 命脈 [   ]   12 絶壁 [   ]

13 逆光 [   ]   14 指令 [   ]

15 研究 [   ]   16 向背 [   ]

17 接戰 [   ]   18 競走 [   ]

19 受惠 [   ]   20 係爭 [   ]

21 樹液 [   ]   22 賞罰 [   ]

23 淸純 [   ]   24 缺航 [   ]

25 至極 [   ]   26 提報 [   ]

※ 다음 글을 읽고 물음에 답하시오.

가 에디슨은 이미 열일곱 살에 **당당**[27]한 **발명가**[28]가 되어 있었다. **전신회사**[29]에 다니다 뉴욕으로 간 그는 **故障**[36]난 기계를 새로 만들어 주고 큰돈을 받았다. 그 돈으로 작업실을 차리고 공장을 운영해서 돈을 벌어 발명에 몰두했다. 그는 전신회사를 위해 수많은 발명을 했다.

에디슨이 세계를 또다시 놀라게 한 것은 말하는 기계, 축음기를 발명했을 때였다. 그는 기계에 자장가를 불러 넣은 다음 틀어서 노래가 되풀이되는 것을 보여 주었다. 속임수가 아닌가 의심하는 구경꾼들에게는 **直接**[37] **錄音**[38]을 하게 해서 들려주었다. 축음기는 날개돋친 듯이 팔렸고, 라디오·텔레비전이 없었던 시대의 **가정**[30] 오락으로 큰 몫을 했다.

나 申師任堂은 글과 그림과 글씨에 뛰어나 시·**서·화**[31]의 三絶이라 불리고, 父母에게는 孝女, 남편에게는 양처, 자녀에게는 **賢母**[39]로서 한국 여성의 본보기가 되었으며, 대학자 율곡 선생을 낳아서 길러 낸 **申師任堂**[40]이 될 줄을 아무도 생각지 못했던 것이다.

일곱 살 때에 **당시**[32]의 화가로 유명한 안견의 산수화를 본떠 그렸는데, 그려 놓고 견주어 보니 어떤 것이 진짜인지 **구별**[33]할 수 없을 **程度**[41]여서 벌써 세상 사람들을 놀라게 했다. 이러한 **素質**[42]은 나중에 그린 포도와 **산수도**[34]가 안견 다음가는 훌륭한 것이라고 칭찬을 받게 되었다.

다 사람은 한평생 땀을 흘려야 합니다. 특히 **無限**[43]한 **可能性**[44]을 지닌 **청소년**[35]기에는 가장 많은 땀을 흘려야 합니다. 무조건 흘려야 합니다. 튼튼하고 값진 열매를 얻기 위해서는 **熱心**[45]히 갈고 닦아야 합니다.

02 윗글에서 밑줄 친 漢字語를 漢字로 쓰시오.
27～35번

27 당당 [　　　] 28 발명가 [　　　]

29 전신회사 [　　　] 30 가정 [　　　]

31 서·화 [　　　] 32 당시 [　　　]

33 구별 [　　　] 34 산수도 [　　　]

35 청소년 [　　　]

03 윗글에서 밑줄 친 漢字語의 讀音을 쓰시오.
36～45번

36 故障 [　　　] 37 直接 [　　　]

38 錄音 [　　　] 39 賢母 [　　　]

40 申師任堂 [　　　] 41 程度 [　　　]

42 素質 [　　　] 43 無限 [　　　]

44 可能性 [　　　] 45 熱心 [　　　]

04 다음 漢字語를 漢字로 쓰시오.
46～55번

46 필기(강의 등의 내용을 받아 적는 것)
.... [　　　]

47 상대(서로 마주 대함)
.... [　　　]

48 택지(집을 지을 땅) ..... [　　　]

49 어조(말의 가락) .... [　　　]

50 사실(역사에 실제로 있는 사실)
.... [　　　]

51 종자(씨앗) .... [　　　]

52 사기(병사들의 씩씩한 기개)
.... [　　　]

53 풍악(악기를 연주하는 음악)
.... [　　　]

54 자책(스스로 자기를 책망함)
.... [　　　]

55 선착(남보다 먼저 도착함)
.... [　　　]

05 다음 漢字의 訓과 音을 쓰시오. 56～77번

56 造 [　　　] 57 燈 [　　　]

58 驗 [　　　] 59 細 [　　　]

60 禁 [　　　] 61 協 [　　　]

62 句 [　　　] 63 羊 [　　　]

64 特 [　　　] 65 施 [　　　]

66 鮮 [　　　] 67 到 [　　　]

68 致 [　　　] 69 快 [　　　]

70 收 [　　　] 71 牧 [　　　]

72 品 [　　　] 73 慶 [　　　]

74 擧 [　　　] 75 包 [　　　]

76 界 [　　　] 77 引 [　　　]

06 다음 漢字와 뜻이 반대 또는 상대되는 漢字를 [ ]에 넣어 漢字語를 만드시오.　78~80번

78 [　　　] ↔ 惡　79 [　　　] ↔ 常

80 [　　　] ↔ 誤

07 다음 漢字語와 소리는 같으나 뜻이 다른(제시된 뜻에 맞는) 漢字語를 쓰시오.　81~83번

81 銅貨 – 질이 다른 것이 같게 됨.
　…………………………… [　　　]

82 人名 – 사람의 목숨.
　…………………………… [　　　]

83 古典 – 몹시 힘들고 어렵게 싸움.
　…………………………… [　　　]

08 다음 漢字와 같은 뜻의 漢字를 [ ]에 넣어 漢字語를 만드시오.　84~86번

84 計 – [　　　]　85 過 – [　　　]

86 [　　　] – 路

09 다음 [ ] 안에 들어갈 알맞은 漢字를 |보기|에서 찾아 쓰시오.　87~91번

|보기|
城　低　因　勢　成　洗　人　團

87 交通 [　] 束　88 質問攻 [　　]

89 作別 [　] 事　90 長短高 [　　]

91 目的達 [　　]

10 다음 漢字의 部首를 쓰시오.　92~94번

92 笑 – [　　]　93 壓 – [　　]

94 空 – [　　]

11 다음 漢字語의 뜻을 쓰시오.　95~97번

95 自他 : [　　　　　]

96 末年 : [　　　　　]

97 長技 : [　　　　　]

12 다음 漢字의 略字약자를 쓰시오.　98~100번

98 來 – [　　]　99 價 – [　　]

100 醫 – [　　]

01 다음 漢字語의 讀音을 쓰시오. 01~26번

01 細密 [   ] 02 是認 [   ]

03 賣票 [   ] 04 律調 [   ]

05 直接 [   ] 06 雄飛 [   ]

07 街路 [   ] 08 放牧 [   ]

09 樂師 [   ] 10 寶庫 [   ]

11 走破 [   ] 12 苦笑 [   ]

13 序列 [   ] 14 交際 [   ]

15 數億 [   ] 16 星座 [   ]

17 感謝 [   ] 18 視力 [   ]

19 黑煙 [   ] 20 恩惠 [   ]

21 協商 [   ] 22 竹島 [   ]

23 總務 [   ] 24 呼應 [   ]

25 建築 [   ] 26 境界 [   ]

※ 다음 글을 읽고 물음에 답하시오.

> 가 **은행**[27]에 돈을 맡기면 **이자**[28]가 불어 _所得_[36]을 늘릴 수 있습니다. 이렇게 _貯蓄_[37]한 돈은 기업의 자금으로 **이용**[29]되어 _經濟_[38] **발전**[30]에 도움을 줍니다. 또, 돈을 잃어버릴 염려도 없으며, 낭비하는 일도 막을 수 있습니다.

> 나 학생극단이 _公演_[39]을 했다. _文藝_[40] 회관 연극반 **활동**[31]을 통해 만들어진 이 극단은 16명의 _團員_[41] 모두가 3학년이다. 이번 공연은 _無料_[42]였지만 공연 안내 책자를 팔아 모은 _收益金_[43]을 모두 고아원에 _傳達_[44]하였다.

> 다 _景福宮_[45] 근정전은 景福宮 안에 있는 건물로, 나라의 **중요**[32]한 **행사**[33]를 치르거나 **외국**[34] **사신**[35]을 맞이하던 곳이다.

02 윗글에서 밑줄 친 漢字語를 漢字로 쓰시오. 27~35번

27 은행 [   ] 28 이자 [   ]

29 이용 [   ] 30 발전 [   ]

31 활동 [   ] 32 중요 [   ]

33 행사 [   ] 34 외국 [   ]

35 사신 [   ]

03 윗글에서 밑줄 친 漢字語의 讀音을 쓰시오. 36~45번

36 所得 [   ] 37 貯蓄 [   ]

38 經濟 [   ] 39 公演 [   ]

40 文藝 [   ]   41 團員 [   ]

42 無料 [   ]   43 收益金 [   ]

44 傳達 [   ]   45 景福宮 [   ]

04 다음 漢字語를 漢字로 쓰시오.   46~55번

46 불참(참가하거나 참석하지 않음)

.... [   ]

47 재능(재주와 능력)

.... [   ]

48 내주(다음 주)

.... [   ]

49 운집(구름처럼 많이 모여듦)

.... [   ]

50 교정(학교 운동장)

.... [   ]

51 고전(몹시 힘들고 어려운 싸움)

.... [   ]

52 객지(살던 고장을 떠나 임시로 머무르는 곳)

.... [   ]

53 신호(정보를 전달, 또는 지시할 때 쓰는 부호)

.... [   ]

54 산물(그 지방에서 생산되는 물건)

.... [   ]

55 우애(형제, 또는 친구 간의 정과 사랑)

.... [   ]

05 다음 漢字의 訓과 音을 쓰시오.   56~77번

56 支 [   ]   57 誠 [   ]

58 客 [   ]   59 非 [   ]

60 演 [   ]   61 送 [   ]

62 檀 [   ]   63 義 [   ]

64 設 [   ]   65 雨 [   ]

66 充 [   ]   67 舍 [   ]

68 個 [   ]   69 練 [   ]

70 處 [   ]   71 注 [   ]

72 的 [   ]   73 貨 [   ]

74 止 [   ]   75 熱 [   ]

76 效 [   ]   77 職 [   ]

06 다음 漢字와 뜻이 반대 또는 상대되는 漢字를 [   ]에 넣어 漢字語를 만드시오.   78~80번

78 [   ] ↔ 武   79 吉 ↔ [   ]

80 往 ↔ [   ]

07 다음 漢字語와 소리는 같으나 뜻이 다른(제시된 뜻에 맞는) 漢字語를 쓰시오.   81~83번

81 正誤 – 낮 열두 시.

.... [   ]

82 兩家 – 양자로 들어간 집.

·································· [   ]

83 歲首 – 손이나 얼굴을 씻음.

·································· [   ]

08 다음 漢字와 같은 뜻의 漢字를 [   ]에 넣어 漢字語를 만드시오. 84~86번

84 肉 – [   ]   85 [   ] – 卒

86 [   ] – 福

09 다음 [   ] 안에 들어갈 알맞은 漢字를 |보기| 에서 찾아 쓰시오. 87~91번

|보기|

身 術 老 大 路 和 信 化 對

87 國際 [   ] 會

: 여러 나라가 모여서 기술이나 재주를 겨루는 큰 모임.

88 民族文 [   ]

: 한 민족이 생산해 낸 사고체계와 창조적 유산, 그리고 예술적 생산물.

89 科學技 [   ]

: 자연과학, 응용과학, 공학 따위를 실제로 적용하여 생활에 유용하도록 가공하는 수단을 통틀어 이르는 말.

90 自 [   ] 滿 滿

: 아주 자신이 있음.

91 百戰 [   ] 將

: '많은 전투를 치른 노련한 장수'라는 뜻으로, '세상일에 경험이 많아 여러 가지로 능란한 사람'을 이르는 말.

10 다음 漢字의 部首를 쓰시오. 92~94번

92 末 – [   ]   93 永 – [   ]

94 相 – [   ]

11 다음 漢字語의 뜻을 쓰시오. 95~97번

95 旅程 : [   ]

96 失鄕 : [   ]

97 昨朝 : [   ]

12 다음 漢字의 略字약자를 쓰시오. 98~100번

98 畫 – [   ]   99 讀 – [   ]

100 傳 – [   ]

01 다음 漢字語의 讀音을 쓰시오.   01~26번

01 着想 [   ]   02 特權 [   ]

03 擔任 [   ]   04 過客 [   ]

05 報告 [   ]   06 除雪 [   ]

07 細胞 [   ]   08 餘念 [   ]

09 增減 [   ]   10 關稅 [   ]

11 暴擧 [   ]   12 比準 [   ]

13 施賞 [   ]   14 連續 [   ]

15 綠陰 [   ]   16 政治 [   ]

17 論題 [   ]   18 蓄財 [   ]

19 本寺 [   ]   20 呼吸 [   ]

21 監察 [   ]   22 北斗 [   ]

23 引出 [   ]   24 侵攻 [   ]

25 回收 [   ]   26 博識 [   ]

※ 다음 글을 읽고 물음에 답하시오.

- 연을 만들어 **공중**[27]으로 날려보냅니다.
- 생각보다 빨리 **도착**[28]했습니다.
- **대합실**[29]에서 案內放送[38]을 들었습니다.
- 식사 후 가벼운 산책을 마치고 **숙소**[30]로 돌아 왔습니다.

- **家電製品**[39] 속에 들어 있는 **설명서**[31]를 읽어 보았다.
- **展示**[40]실에는 **역사**[32] 자료가 **시대별**[33]로 나뉘어 展示되어 있다.
- **실감**[34]나게 꾸며진 그 **당시**[35] 사람들의 생활 모습을 한참 들여다보니 내가 마치 **原始人**[41] 이 된 듯한 착각에 빠지기도 하였다.
- 무너진 다리는 **復舊**[42]되고, 날마다 늘어나는 **交通量**[43]에 따라 다시 확장되었다.
- 사람이 오늘날과 같이 **고도**[36]로 발달한 **문명**[37] 을 누리게 된 것은 **音聲**[44] 언어와 문자 때문일 것입니다.
- 오랜 세월 동안 **領相**[45]의 자리에 있으면서 명 재상이란 말을 수없이 들었다.

02 윗글에서 밑줄 친 漢字語를 漢字로 쓰시오.   27~37번

27 공중 [   ]   28 도착 [   ]

29 대합실 [   ]   30 숙소 [   ]

31 설명서 [   ]   32 역사 [   ]

33 시대별 [   ]   34 실감 [   ]

35 당시 [   ]   36 고도 [   ]

37 문명 [   ]

03 윗글에서 밑줄 친 漢字語의 讀音을 쓰시오.

38~45번

38 案內放送 [　　] 39 家電製品 [　　]

40 展示 [　　] 41 原始人 [　　]

42 復舊 [　　] 43 交通量 [　　]

44 音聲 [　　] 45 領相 [　　]

04 다음 漢字語를 漢字로 쓰시오. 46~55번

46 자생(저절로 생겨남)

‥‥‥‥‥‥‥‥‥‥ [　　]

47 신봉(옳다고 믿고 받듦)

‥‥‥‥‥‥‥‥‥‥ [　　]

48 견학(현장에 가서 보고 배우는 것)

‥‥‥‥‥‥‥‥‥‥ [　　]

49 동화(다르던 것이 서로 같게 됨)

‥‥‥‥‥‥‥‥‥‥ [　　]

50 개발(더 나은 상태로 발전시키는 것)

‥‥‥‥‥‥‥‥‥‥ [　　]

51 우천(비가 오는 날씨)

‥‥‥‥‥‥‥‥‥‥ [　　]

52 선로(기차나 전차 등이 다니도록 깔아놓은
철길) ‥‥‥‥‥‥‥‥‥ [　　]

53 풍운(바람과 구름)

‥‥‥‥‥‥‥‥‥‥ [　　]

54 실효(효력을 잃음)

‥‥‥‥‥‥‥‥‥‥ [　　]

55 성급(성질이 매우 급함)

‥‥‥‥‥‥‥‥‥‥ [　　]

05 다음 漢字의 訓과 音을 쓰시오. 56~77번

56 申 [　　] 57 承 [　　]

58 才 [　　] 59 榮 [　　]

60 極 [　　] 61 端 [　　]

62 虛 [　　] 63 育 [　　]

64 情 [　　] 65 思 [　　]

66 元 [　　] 67 類 [　　]

68 密 [　　] 69 訪 [　　]

70 黨 [　　] 71 房 [　　]

72 買 [　　] 73 可 [　　]

74 確 [　　] 75 低 [　　]

76 赤 [　　] 77 斷 [　　]

06 다음 漢字와 뜻이 반대 또는 상대되는 漢字를
[　　]에 넣어 漢字語를 만드시오. 78~80번

78 因 ↔ [　　] 79 [　　] ↔ 鄕

80 [　　] ↔ 配

07 다음 漢字語와 소리는 같으나 뜻이 다른(제시된 뜻에 맞는) 漢字語를 쓰시오.   81~83번

81 實數 – 부주의로 잘못을 저지름.
.... [   ]

82 視界 – 시각을 나타내는 기계.
.... [   ]

83 首都 – 상수도나 하수도.
.... [   ]

08 다음 漢字와 같은 뜻의 漢字를 [ ]에 넣어 漢字語를 만드시오.   84~86번

84 [   ] – 備   85 河 – [   ]

86 [   ] – 畫

09 다음 [   ] 안에 알맞은 漢字를 쓰시오.   87~91번

87 公衆道 [   ]
: 여러 사람이 서로 지켜야 할 덕목.

88 敗家亡 [   ]
: 집안의 재산을 다 써 없애고 몸을 망침.

89 東西古 [   ]
: 동양과 서양, 옛날과 지금을 통틀어 이르는 말.

90 [   ] 光石火
: 매우 짧은 시간이나 매우 재빠른 움직임 따위를 이르는 말.

91 十 [   ] 所視
: '세상 사람을 속일 수 없음'을 비유하여 이르는 말.

10 다음 漢字의 部首를 쓰시오.   92~94번

92 畫 – [   ]   93 席 – [   ]

94 望 – [   ]

11 다음 漢字語의 뜻을 쓰시오.   95~97번

95 許容 : [   ]

96 當落 : [   ]

97 樂勝 : [   ]

12 다음 漢字의 略字약자를 쓰시오.   98~100번

98 觀 – [   ]   99 號 – [   ]

100 國 – [   ]

수험번호 □□□-□□-□□□□　　　　성명 □□□□□

생년월일 □□□□□□　　※ 주민등록번호 앞 6자리 숫자를 기입하십시오.　※ 성명은 한글로 작성
　　　　　　　　　　　　　　　　　　　　　　　　　　　　　　　　※ 필기구는 검정색 볼펜만 가능

※ 답안지는 컴퓨터로 처리되므로 구기거나 더럽히지 마시고, 정답 칸 안에만 쓰십시오.
　글씨가 채점란으로 들어오면 오답처리가 됩니다.

전국한자능력검정시험 4급Ⅱ 답안지(1) (시험시간:50분)

번호	정답	1검	2검	번호	정답	1검	2검	번호	정답	1검	2검
	답안란	채점란			답안란	채점란			답안란	채점란	
1				17				33			
2				18				34			
3				19				35			
4				20				36			
5				21				37			
6				22				38			
7				23				39			
8				24				40			
9				25				41			
10				26				42			
11				27				43			
12				28				44			
13				29				45			
14				30				46			
15				31				47			
16				32				48			

감독위원	채점위원(1)		채점위원(2)		채점위원(3)	
(서명)	(득점)	(서명)	(득점)	(서명)	(득점)	(서명)

※뒷면으로 이어짐

※ 답안지는 컴퓨터로 처리되므로 구기거나 더럽히지 마시고, 정답 칸 안에만 쓰십시오 글씨가 채점란으로 들어오면 오답처리가 됩니다.

전국한자능력검정시험 4급Ⅱ 답안지(2)

번호	정답	1검	2검	번호	정답	1검	2검	번호	정답	1검	2검
49				67				85			
50				68				86			
51				69				87			
52				70				88			
53				71				89			
54				72				90			
55				73				91			
56				74				92			
57				75				93			
58				76				94			
59				77				95			
60				78				96			
61				79				97			
62				80				98			
63				81				99			
64				82				100			
65				83							
66				84							

수험번호 ☐☐☐-☐☐-☐☐☐☐ 성명 ☐☐☐☐☐

생년월일 ☐☐☐☐☐☐ ※ 주민등록번호 앞 6자리 숫자를 기입하십시오. ※ 성명은 한글로 작성
※ 필기구는 검정색 볼펜만 가능

※ 답안지는 컴퓨터로 처리되므로 구기거나 더럽히지 마시고, 정답 칸 안에만 쓰십시오.
글씨가 채점란으로 들어오면 오답처리가 됩니다.

전국한자능력검정시험 4급Ⅱ 답안지(1) (시험시간:50분)

번호	답안란 정답	채점란 1검	2검	번호	답안란 정답	채점란 1검	2검	번호	답안란 정답	채점란 1검	2검
1				17				33			
2				18				34			
3				19				35			
4				20				36			
5				21				37			
6				22				38			
7				23				39			
8				24				40			
9				25				41			
10				26				42			
11				27				43			
12				28				44			
13				29				45			
14				30				46			
15				31				47			
16				32				48			

감독위원	채점위원(1)		채점위원(2)		채점위원(3)	
(서명)	(득점)	(서명)	(득점)	(서명)	(득점)	(서명)

※뒷면으로 이어짐

※ 답안지는 컴퓨터로 처리되므로 구기거나 더럽히지 마시고, 정답 칸 안에만 쓰십시오 글씨가 채점란으로 들어오면 오답처리가 됩니다.

전국한자능력검정시험 4급Ⅱ 답안지(2)

번호	정답	1검	2검	번호	정답	1검	2검	번호	정답	1검	2검
49				67				85			
50				68				86			
51				69				87			
52				70				88			
53				71				89			
54				72				90			
55				73				91			
56				74				92			
57				75				93			
58				76				94			
59				77				95			
60				78				96			
61				79				97			
62				80				98			
63				81				99			
64				82				100			
65				83							
66				84							

(답안란 채점란 / 답안란 채점란 / 답안란 채점란)

수험번호 □□□-□□-□□□□ 성명 □□□□□

생년월일 □□□□□□ ※ 주민등록번호 앞 6자리 숫자를 기입하십시오. ※ 성명은 한글로 작성
※ 필기구는 검정색 볼펜만 가능

※ 답안지는 컴퓨터로 처리되므로 구기거나 더럽히지 마시고, 정답 칸 안에만 쓰십시오.
글씨가 채점란으로 들어오면 오답처리가 됩니다.

전국한자능력검정시험 4급Ⅱ 답안지(1) (시험시간:50분)

번호	정답	1검	2검	번호	정답	1검	2검	번호	정답	1검	2검
1				17				33			
2				18				34			
3				19				35			
4				20				36			
5				21				37			
6				22				38			
7				23				39			
8				24				40			
9				25				41			
10				26				42			
11				27				43			
12				28				44			
13				29				45			
14				30				46			
15				31				47			
16				32				48			

감독위원	채점위원(1)	채점위원(2)	채점위원(3)
(서명)	(득점) (서명)	(득점) (서명)	(득점) (서명)

※뒷면으로 이어짐

※ 답안지는 컴퓨터로 처리되므로 구기거나 더럽히지 마시고, 정답 칸 안에만 쓰십시오 글씨가 채점란으로 들어오면 오답처리가 됩니다.

전국한자능력검정시험 4급Ⅱ 답안지(2)

번호	정답	1검	2검	번호	정답	1검	2검	번호	정답	1검	2검
49				67				85			
50				68				86			
51				69				87			
52				70				88			
53				71				89			
54				72				90			
55				73				91			
56				74				92			
57				75				93			
58				76				94			
59				77				95			
60				78				96			
61				79				97			
62				80				98			
63				81				99			
64				82				100			
65				83							
66				84							

4 2 1 ■

수험번호 □□□-□□-□□□□   성명 □□□□□

생년월일 □□□□□□   ※ 주민등록번호 앞 6자리 숫자를 기입하십시오. ※ 성명은 한글로 작성
　　　　　　　　　　　　　　　　　　　　　　　　　　　　　　　　　　※ 필기구는 검정색 볼펜만 가능

※ 답안지는 컴퓨터로 처리되므로 구기거나 더럽히지 마시고, 정답 칸 안에만 쓰십시오.
　글씨가 채점란으로 들어오면 오답처리가 됩니다.

전국한자능력검정시험 4급Ⅱ 답안지(1) (시험시간:50분)

번호	정답	1검	2검	번호	정답	1검	2검	번호	정답	1검	2검
1				17				33			
2				18				34			
3				19				35			
4				20				36			
5				21				37			
6				22				38			
7				23				39			
8				24				40			
9				25				41			
10				26				42			
11				27				43			
12				28				44			
13				29				45			
14				30				46			
15				31				47			
16				32				48			

감독위원	채점위원(1)		채점위원(2)		채점위원(3)	
(서명)	(득점)	(서명)	(득점)	(서명)	(득점)	(서명)

※뒷면으로 이어짐

※ 답안지는 컴퓨터로 처리되므로 구기거나 더럽히지 마시고, 정답 칸 안에만 쓰십시오. 글씨가 채점란으로 들어오면 오답처리가 됩니다.

전국한자능력검정시험 4급Ⅱ 답안지(2)

번호	정답	1검	2검	번호	정답	1검	2검	번호	정답	1검	2검
49				67				85			
50				68				86			
51				69				87			
52				70				88			
53				71				89			
54				72				90			
55				73				91			
56				74				92			
57				75				93			
58				76				94			
59				77				95			
60				78				96			
61				79				97			
62				80				98			
63				81				99			
64				82				100			
65				83							
66				84							

수험번호 □□□-□□-□□□□　　　성명 □□□□□

생년월일 □□□□□□ ※ 주민등록번호 앞 6자리 숫자를 기입하십시오. ※ 성명은 한글로 작성
　　　　　　　　　　　　　　　　　　　　　　　　　　　 ※ 필기구는 검정색 볼펜만 가능

※ 답안지는 컴퓨터로 처리되므로 구기거나 더럽히지 마시고, 정답 칸 안에만 쓰십시오.
　글씨가 채점란으로 들어오면 오답처리가 됩니다.

전국한자능력검정시험 4급Ⅱ 답안지(1) (시험시간:50분)

번호	정답	1검	2검	번호	정답	1검	2검	번호	정답	1검	2검
1				17				33			
2				18				34			
3				19				35			
4				20				36			
5				21				37			
6				22				38			
7				23				39			
8				24				40			
9				25				41			
10				26				42			
11				27				43			
12				28				44			
13				29				45			
14				30				46			
15				31				47			
16				32				48			

감독위원	채점위원(1)		채점위원(2)		채점위원(3)	
(서명)	(득점)	(서명)	(득점)	(서명)	(득점)	(서명)

※뒷면으로 이어짐

전국한자능력검정시험 4급Ⅱ 답안지(2)

번호	정답	1검	2검	번호	정답	1검	2검	번호	정답	1검	2검
49				67				85			
50				68				86			
51				69				87			
52				70				88			
53				71				89			
54				72				90			
55				73				91			
56				74				92			
57				75				93			
58				76				94			
59				77				95			
60				78				96			
61				79				97			
62				80				98			
63				81				99			
64				82				100			
65				83							
66				84							

수험번호 □□□-□□-□□□□　　　　성명 □□□□□

생년월일 □□□□□□　※ 주민등록번호 앞 6자리 숫자를 기입하십시오.　※ 성명은 한글로 작성
　　　　　　　　　　　　　　　　　　　　　　　　　　　　　※ 필기구는 검정색 볼펜만 가능

※ 답안지는 컴퓨터로 처리되므로 구기거나 더럽히지 마시고, 정답 칸 안에만 쓰십시오.
　글씨가 채점란으로 들어오면 오답처리가 됩니다.

전국한자능력검정시험 4급Ⅱ 답안지(1) (시험시간:50분)

번호	정답	1검	2검	번호	정답	1검	2검	번호	정답	1검	2검
	답안란	채점란			답안란	채점란			답안란	채점란	
1				17				33			
2				18				34			
3				19				35			
4				20				36			
5				21				37			
6				22				38			
7				23				39			
8				24				40			
9				25				41			
10				26				42			
11				27				43			
12				28				44			
13				29				45			
14				30				46			
15				31				47			
16				32				48			

감독위원	채점위원(1)		채점위원(2)		채점위원(3)	
(서명)	(득점)	(서명)	(득점)	(서명)	(득점)	(서명)

※뒷면으로 이어짐

※ 답안지는 컴퓨터로 처리되므로 구기거나 더럽히지 마시고, 정답 칸 안에만 쓰십시오. 글씨가 채점란으로 들어오면 오답처리가 됩니다.

전국한자능력검정시험 4급Ⅱ 답안지(2)

번호	정답	1검	2검	번호	정답	1검	2검	번호	정답	1검	2검
49				67				85			
50				68				86			
51				69				87			
52				70				88			
53				71				89			
54				72				90			
55				73				91			
56				74				92			
57				75				93			
58				76				94			
59				77				95			
60				78				96			
61				79				97			
62				80				98			
63				81				99			
64				82				100			
65				83							
66				84							

※ 답안지는 컴퓨터로 처리되므로 구기거나 더럽히지 마시고, 정답 칸 안에만 쓰십시오 글씨가 채점란으로 들어오면 오답처리가 됩니다.

수험번호 □□□-□□-□□□□

성명 □□□□□

생년월일 □□□□□□ ※ 주민등록번호 앞 6자리 숫자를 기입하십시오. ※ 성명은 한글로 작성
　　　　　　　　　　　　　　　　　　　　　　　　　　※ 필기구는 검정색 볼펜만 가능

※ 답안지는 컴퓨터로 처리되므로 구기거나 더럽히지 마시고, 정답 칸 안에만 쓰십시오.
　글씨가 채점란으로 들어오면 오답처리가 됩니다.

전국한자능력검정시험 4급Ⅱ 답안지(1) (시험시간:50분)

번호	정답	1검	2검	번호	정답	1검	2검	번호	정답	1검	2검
1				17				33			
2				18				34			
3				19				35			
4				20				36			
5				21				37			
6				22				38			
7				23				39			
8				24				40			
9				25				41			
10				26				42			
11				27				43			
12				28				44			
13				29				45			
14				30				46			
15				31				47			
16				32				48			

감독위원	채점위원(1)		채점위원(2)		채점위원(3)	
(서명)	(득점)	(서명)	(득점)	(서명)	(득점)	(서명)

※뒷면으로 이어짐

※ 답안지는 컴퓨터로 처리되므로 구기거나 더럽히지 마시고, 정답 칸 안에만 쓰십시오. 글씨가 채점란으로 들어오면 오답처리가 됩니다.

전국한자능력검정시험 4급 Ⅱ 답안지(2)

번호	정답	1검	2검	번호	정답	1검	2검	번호	정답	1검	2검
49				67				85			
50				68				86			
51				69				87			
52				70				88			
53				71				89			
54				72				90			
55				73				91			
56				74				92			
57				75				93			
58				76				94			
59				77				95			
60				78				96			
61				79				97			
62				80				98			
63				81				99			
64				82				100			
65				83							
66				84							

(답안란 / 채점란 헤더)

사단법인 한국어문회

4 2 1 ■

수험번호 ☐☐☐-☐☐-☐☐☐☐   성명 ☐☐☐☐☐

생년월일 ☐☐☐☐☐☐ ※ 주민등록번호 앞 6자리 숫자를 기입하십시오. ※ 성명은 한글로 작성
※ 필기구는 검정색 볼펜만 가능

※ 답안지는 컴퓨터로 처리되므로 구기거나 더럽히지 마시고, 정답 칸 안에만 쓰십시오.
  글씨가 채점란으로 들어오면 오답처리가 됩니다.

전국한자능력검정시험 4급 II 답안지(1) (시험시간:50분)

번호	답안란 정답	채점란 1검	2검	번호	답안란 정답	채점란 1검	2검	번호	답안란 정답	채점란 1검	2검
1				17				33			
2				18				34			
3				19				35			
4				20				36			
5				21				37			
6				22				38			
7				23				39			
8				24				40			
9				25				41			
10				26				42			
11				27				43			
12				28				44			
13				29				45			
14				30				46			
15				31				47			
16				32				48			

감독위원	채점위원(1)		채점위원(2)		채점위원(3)	
(서명)	(득점)	(서명)	(득점)	(서명)	(득점)	(서명)

※뒷면으로 이어짐

※ 답안지는 컴퓨터로 처리되므로 구기거나 더럽히지 마시고, 정답 칸 안에만 쓰십시오. 글씨가 채점란으로 들어오면 오답처리가 됩니다.

전국한자능력검정시험 4급Ⅱ 답안지(2)

번호	정답	1검	2검	번호	정답	1검	2검	번호	정답	1검	2검
49				67				85			
50				68				86			
51				69				87			
52				70				88			
53				71				89			
54				72				90			
55				73				91			
56				74				92			
57				75				93			
58				76				94			
59				77				95			
60				78				96			
61				79				97			
62				80				98			
63				81				99			
64				82				100			
65				83							
66				84							

(답안란 / 채점란 헤더: 답안란 채점란)

수험번호 □□□-□□-□□□□　　　　성명 □□□□□

생년월일 □□□□□□　　※ 주민등록번호 앞 6자리 숫자를 기입하십시오.　※ 성명은 한글로 작성
　　　　　　　　　　　　　　　　　　　　　　　　　　　　　　　　　※ 필기구는 검정색 볼펜만 가능

※ 답안지는 컴퓨터로 처리되므로 구기거나 더럽히지 마시고, 정답 칸 안에만 쓰십시오.
　글씨가 채점란으로 들어오면 오답처리가 됩니다.

전국한자능력검정시험 4급 Ⅱ 답안지(1) (시험시간:50분)

번호	답안란 정답	채점란 1검	2검	번호	답안란 정답	채점란 1검	2검	번호	답안란 정답	채점란 1검	2검
1				17				33			
2				18				34			
3				19				35			
4				20				36			
5				21				37			
6				22				38			
7				23				39			
8				24				40			
9				25				41			
10				26				42			
11				27				43			
12				28				44			
13				29				45			
14				30				46			
15				31				47			
16				32				48			

감독위원	채점위원(1)		채점위원(2)		채점위원(3)	
(서명)	(득점)	(서명)	(득점)	(서명)	(득점)	(서명)

※뒷면으로 이어짐

※ 답안지는 컴퓨터로 처리되므로 구기거나 더럽히지 마시고, 정답 칸 안에만 쓰십시오. 글씨가 채점란으로 들어오면 오답처리가 됩니다.

전국한자능력검정시험 4급Ⅱ 답안지(2)

번호	정답	1검	2검	번호	정답	1검	2검	번호	정답	1검	2검
49				67				85			
50				68				86			
51				69				87			
52				70				88			
53				71				89			
54				72				90			
55				73				91			
56				74				92			
57				75				93			
58				76				94			
59				77				95			
60				78				96			
61				79				97			
62				80				98			
63				81				99			
64				82				100			
65				83							
66				84							

(답안란 / 채점란 헤더: 답안란 - 번호, 정답 / 채점란 - 1검, 2검)

수험번호 □□□-□□-□□□□　　　성명 □□□□□

생년월일 □□□□□□　　※ 주민등록번호 앞 6자리 숫자를 기입하십시오.　※ 성명은 한글로 작성
　　　　　　　　　　　　　　　　　　　　　　　　　　　　　　　　※ 필기구는 검정색 볼펜만 가능

※ 답안지는 컴퓨터로 처리되므로 구기거나 더럽히지 마시고, 정답 칸 안에만 쓰십시오.
　글씨가 채점란으로 들어오면 오답처리가 됩니다.

전국한자능력검정시험 4급Ⅱ 답안지(1) (시험시간:50분)

번호	정답	1검	2검	번호	정답	1검	2검	번호	정답	1검	2검
1				17				33			
2				18				34			
3				19				35			
4				20				36			
5				21				37			
6				22				38			
7				23				39			
8				24				40			
9				25				41			
10				26				42			
11				27				43			
12				28				44			
13				29				45			
14				30				46			
15				31				47			
16				32				48			

감독위원	채점위원(1)		채점위원(2)		채점위원(3)	
(서명)	(득점)	(서명)	(득점)	(서명)	(득점)	(서명)

※뒷면으로 이어짐

※ 답안지는 컴퓨터로 처리되므로 구기거나 더럽히지 마시고, 정답 칸 안에만 쓰십시오. 글씨가 채점란으로 들어오면 오답처리가 됩니다.

전국한자능력검정시험 4급Ⅱ 답안지(2)

번호	정답	1검	2검	번호	정답	1검	2검	번호	정답	1검	2검
49				67				85			
50				68				86			
51				69				87			
52				70				88			
53				71				89			
54				72				90			
55				73				91			
56				74				92			
57				75				93			
58				76				94			
59				77				95			
60				78				96			
61				79				97			
62				80				98			
63				81				99			
64				82				100			
65				83							
66				84							

(답안란 / 채점란 headers: 번호, 정답, 1검, 2검)

전국한자능력검정시험 4급Ⅱ 답안지(1) (시험시간:50분)

번호	정답	1검	2검	번호	정답	1검	2검	번호	정답	1검	2검
1				17				33			
2				18				34			
3				19				35			
4				20				36			
5				21				37			
6				22				38			
7				23				39			
8				24				40			
9				25				41			
10				26				42			
11				27				43			
12				28				44			
13				29				45			
14				30				46			
15				31				47			
16				32				48			

감독위원	채점위원(1)		채점위원(2)		채점위원(3)	
(서명)	(득점)	(서명)	(득점)	(서명)	(득점)	(서명)

■   ※뒷면으로 이어짐   ■

※ 답안지는 컴퓨터로 처리되므로 구기거나 더럽히지 마시고, 정답 칸 안에만 쓰십시오. 글씨가 채점란으로 들어오면 오답처리가 됩니다.

전국한자능력검정시험 4급Ⅱ 답안지(2)

번호	정답	1검	2검	번호	정답	1검	2검	번호	정답	1검	2검
49				67				85			
50				68				86			
51				69				87			
52				70				88			
53				71				89			
54				72				90			
55				73				91			
56				74				92			
57				75				93			
58				76				94			
59				77				95			
60				78				96			
61				79				97			
62				80				98			
63				81				99			
64				82				100			
65				83							
66				84							

4 2 1

수험번호 ☐☐☐-☐☐-☐☐☐☐   성명 ☐☐☐☐☐

생년월일 ☐☐☐☐☐☐   ※ 주민등록번호 앞 6자리 숫자를 기입하십시오. ※ 성명은 한글로 작성
※ 필기구는 검정색 볼펜만 가능

※ 답안지는 컴퓨터로 처리되므로 구기거나 더럽히지 마시고, 정답 칸 안에만 쓰십시오.
글씨가 채점란으로 들어오면 오답처리가 됩니다.

전국한자능력검정시험 4급Ⅱ 답안지(1) (시험시간:50분)

번호	답안란 정답	채점란 1검	채점란 2검	번호	답안란 정답	채점란 1검	채점란 2검	번호	답안란 정답	채점란 1검	채점란 2검
1				17				33			
2				18				34			
3				19				35			
4				20				36			
5				21				37			
6				22				38			
7				23				39			
8				24				40			
9				25				41			
10				26				42			
11				27				43			
12				28				44			
13				29				45			
14				30				46			
15				31				47			
16				32				48			

감독위원	채점위원(1)		채점위원(2)		채점위원(3)	
(서명)	(득점)	(서명)	(득점)	(서명)	(득점)	(서명)

※뒷면으로 이어짐

전국한자능력검정시험 4급Ⅱ 답안지(2)

번호	정답	1검	2검	번호	정답	1검	2검	번호	정답	1검	2검
49				67				85			
50				68				86			
51				69				87			
52				70				88			
53				71				89			
54				72				90			
55				73				91			
56				74				92			
57				75				93			
58				76				94			
59				77				95			
60				78				96			
61				79				97			
62				80				98			
63				81				99			
64				82				100			
65				83							
66				84							

답안란　채점란　답안란　채점란　답안란　채점란

수험번호 □□□-□□-□□□□   성명 □□□□□

생년월일 □□□□□□   ※ 주민등록번호 앞 6자리 숫자를 기입하십시오.   ※ 성명은 한글로 작성

※ 필기구는 검정색 볼펜만 가능

※ 답안지는 컴퓨터로 처리되므로 구기거나 더럽히지 마시고, 정답 칸 안에만 쓰십시오.
글씨가 채점란으로 들어오면 오답처리가 됩니다.

전국한자능력검정시험 4급Ⅱ 답안지(1) (시험시간:50분)

번호	정답	1검	2검	번호	정답	1검	2검	번호	정답	1검	2검
	답안란	채점란			답안란	채점란			답안란	채점란	
1				17				33			
2				18				34			
3				19				35			
4				20				36			
5				21				37			
6				22				38			
7				23				39			
8				24				40			
9				25				41			
10				26				42			
11				27				43			
12				28				44			
13				29				45			
14				30				46			
15				31				47			
16				32				48			

감독위원	채점위원(1)		채점위원(2)		채점위원(3)	
(서명)	(득점)	(서명)	(득점)	(서명)	(득점)	(서명)

※뒷면으로 이어짐 ■

※ 답안지는 컴퓨터로 처리되므로 구기거나 더럽히지 마시고, 정답 칸 안에만 쓰십시오. 글씨가 채점란으로 들어오면 오답처리가 됩니다.

전국한자능력검정시험 4급Ⅱ 답안지(2)

번호	정답	1검	2검	번호	정답	1검	2검	번호	정답	1검	2검
49				67				85			
50				68				86			
51				69				87			
52				70				88			
53				71				89			
54				72				90			
55				73				91			
56				74				92			
57				75				93			
58				76				94			
59				77				95			
60				78				96			
61				79				97			
62				80				98			
63				81				99			
64				82				100			
65				83							
66				84							

수험번호 □□□-□□-□□□□□　　성명 □□□□□

생년월일 □□□□□□　※ 주민등록번호 앞 6자리 숫자를 기입하십시오.　※ 성명은 한글로 작성
　　　　　　　　　　　　　　　　　　　　　　　　　　　　　　　　※ 필기구는 검정색 볼펜만 가능

※ 답안지는 컴퓨터로 처리되므로 구기거나 더럽히지 마시고, 정답 칸 안에만 쓰십시오.
　글씨가 채점란으로 들어오면 오답처리가 됩니다.

전국한자능력검정시험 4급Ⅱ 답안지(1) (시험시간:50분)

번호	답안란 정답	채점란 1검	2검	번호	답안란 정답	채점란 1검	2검	번호	답안란 정답	채점란 1검	2검
1				17				33			
2				18				34			
3				19				35			
4				20				36			
5				21				37			
6				22				38			
7				23				39			
8				24				40			
9				25				41			
10				26				42			
11				27				43			
12				28				44			
13				29				45			
14				30				46			
15				31				47			
16				32				48			

감독위원	채점위원(1)		채점위원(2)		채점위원(3)	
(서명)	(득점)	(서명)	(득점)	(서명)	(득점)	(서명)

※뒷면으로 이어짐

전국한자능력검정시험 4급 II 답안지(2)

번호	정답	1검	2검	번호	정답	1검	2검	번호	정답	1검	2검
49				67				85			
50				68				86			
51				69				87			
52				70				88			
53				71				89			
54				72				90			
55				73				91			
56				74				92			
57				75				93			
58				76				94			
59				77				95			
60				78				96			
61				79				97			
62				80				98			
63				81				99			
64				82				100			
65				83							
66				84							

(사) 한국어문회 주관

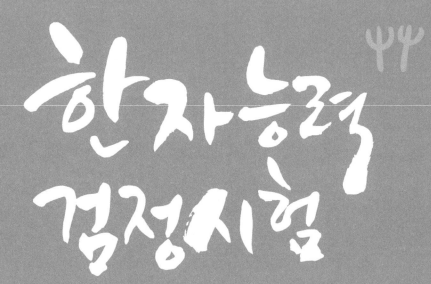

한자능력 검정시험

기출·예상문제 **4**급 II

▷ 1회 ~ 5회

정답과 해설은 150 ~ 154쪽에 있습니다.

01회

한자능력검정시험 4급Ⅱ
기출·예상문제

(사) 한국어문회 주관	
합격문항	42문항
시험시간	50분
정 답	150쪽

01 다음 글에서 밑줄 친 單語 중 한글로 표기된 것은 漢字[正字]로, 漢字로 표기된 것은 한글로 고쳐 쓰시오. 01~20번

> 장거리 競走⁽¹⁾에서 각 태양광⁽²⁾ 자동차⁽³⁾ 앞에는 장애물을 판별할 수 있는 先導⁽⁴⁾ 차량이 달린다.

01 [   ] 02 [   ]

03 [   ] 04 [   ]

> 남쪽 지방⁽⁵⁾에서는 일찍 꽃이 피어 동백꽃의 경우 1월에도 꽃이 피는 반면⁽⁶⁾, 추운 북쪽 지방에서는 온도⁽⁷⁾가 낮아 꿩의바람꽃과 같은 야생화⁽⁸⁾는 4월이 되어서야 핀다. 이처럼 꽃이 피는 時期⁽⁹⁾는 季節⁽¹⁰⁾과 기온이나 사는 지역 환경에 따라 다르다.

05 [   ] 06 [   ]

07 [   ] 08 [   ]

09 [   ] 10 [   ]

> 우주에 대한 인류⁽¹¹⁾의 시각을 바꿀 수 있었던 것은 바로 망원⁽¹²⁾경의 발명⁽¹³⁾이다. 맨눈으로 천체⁽¹⁴⁾를 觀測⁽¹⁵⁾하던 시절에는 미처 알지 못했던 새로운 세계를 망원경을 통해 經驗⁽¹⁶⁾하게 되었다.

11 [   ] 12 [   ]

13 [   ] 14 [   ]

15 [   ] 16 [   ]

> 모든 公演⁽¹⁷⁾이 한국어로 진행되어 각 지역의 동포들, 특히 젊은 세대⁽¹⁸⁾들에게 한국문화와 한국어를 알려주고 민족 긍지를 높이는 중대⁽¹⁹⁾한 任務⁽²⁰⁾를 맡았다.

17 [   ] 18 [   ]

19 [   ] 20 [   ]

02 다음 밑줄 친 漢字語의 讀音을 쓰시오. 21~45번

21 아기의 얼굴을 보고 幸福한 미소를 지었다. ┄┄┄┄┄┄┄┄┄┄┄┄ [   ]

22 무궁화는 일종의 園藝 식물이다. ┄┄┄┄┄┄┄┄┄┄┄┄ [   ]

23 사전에 準備를 철저히 하라고 지시하였다. ┄┄┄┄┄┄┄┄┄┄┄┄ [   ]

24 정신을 잃었던 그는 잠시 후에 의식을 回復했다. ┄┄┄┄┄┄ [   ]

25 한자에는 形態는 달라도 같은 뜻으로 쓰는 것이 많다. ┄┄┄┄┄ [   ]

26 꽃보라가 밤하늘을 수놓으며 祝砲가 올랐다. ┄┄┄┄┄┄┄┄┄┄┄┄ [   ]

27 신호를 無視하고 달리던 트럭이 사고를 내고 말았다. ┄┄┄┄┄ [   ]

28 담뱃값 인상으로 **禁煙**을 결심하는 사람이
　　늘고 있다. ·············· [　　　　]

29 그릇은 끓는 물로 가열하여 **消毒**하였다.
　　······················ [　　　　]

30 방송 후에 각지에서 성금과 위문편지가 **殺到**
　　했다. ·················· [　　　　]

31 품질이 우수하여 수출로 많은 **外貨**를 획득
　　하고 있다. ·············· [　　　　]

32 헌법은 국회의 **議決**을 거쳐 국민투표로 개
　　정된다. ················· [　　　　]

33 안전을 점검한 결과 대부분이 기준에 **未達**
　　하였다. ················· [　　　　]

34 새해 들어 정부는 물가 안정에 **總力**을 기울
　　였다. ·················· [　　　　]

35 경찰은 난투 끝에 반항하는 범인을 **制壓**했다.
　　······················ [　　　　]

36 친구들과 난로 주위에 둘러앉아 **談笑**를 나
　　누었다. ················· [　　　　]

37 우리의 후손에게 커다란 **恩惠**로 기억될 것
　　이다. ·················· [　　　　]

38 집 안팎을 깨끗이 **淸掃**하고 손님을 맞이하
　　였다. ·················· [　　　　]

39 모두 무기를 들고 철통같은 **防衛** 태세를 갖
　　추었다. ················· [　　　　]

40 육지와 섬을 **連結**하는 해저 터널을 완공하
　　였다. ·················· [　　　　]

41 저마다 와자지껄하게 떠들면서 **休息** 시간
　　을 즐겼다. ·············· [　　　　]

42 엄마는 라디오에서 흘러나오는 **歌謠**를 따
　　라 흥얼거렸다. ·········· [　　　　]

43 들것의 앞뒤 **步調**를 맞추어 흔들림을 적게
　　해야 한다. ·············· [　　　　]

44 현장에 조명탄을 쏘아 올려 **近處**는 대낮같
　　이 밝았다. ·············· [　　　　]

45 그가 취한 행동은 전혀 **常識** 밖의 엉뚱한
　　것이다. ················· [　　　　]

03 다음 漢字의 訓과 音을 쓰시오. 　46～67번

46 保 [　　　] 47 印 [　　　]
48 脈 [　　　] 49 伐 [　　　]
50 帶 [　　　] 51 續 [　　　]
52 破 [　　　] 53 爲 [　　　]
54 燈 [　　　] 55 斷 [　　　]
56 衆 [　　　] 57 悲 [　　　]
58 忠 [　　　] 59 如 [　　　]
60 至 [　　　] 61 尊 [　　　]
62 努 [　　　] 63 眞 [　　　]
64 眼 [　　　] 65 留 [　　　]
66 田 [　　　] 67 牧 [　　　]

04 다음 밑줄 친 單語를 한자[正字]로 쓰시오.
　　　　　　　　　　　　　　　68～77번

68 잦은 기상 **변화**로 수확량을 예상할 수가 없다.
　　······················ [　　　　]

69 장학 사업을 위한 **기금**을 마련하였다.
　　······················ [　　　　]

70 매일 꾸준히 **연습**한 보람이 있다.
　　······················ [　　　　]

71 세계 평화에 기여한 **공로**로 노벨상을 수상
　　하였다. ················· [　　　　]

72 한탄강에는 래프팅에 적합한 **급류** 지형이
　　많다. ·················· [　　　　]

73 새끼손가락을 걸면서 **약속**을 다짐하였다.
································· [   ]

74 인천국제공항은 세계로 통하는 **관문**이다.
································· [   ]

75 재질이 단단한 나무로 **가구**를 만들었다.
································· [   ]

76 노인들에게 **경로** 우대증을 발급하였다.
································· [   ]

77 일기에는 그의 **일과**에 대한 기록이 남아 있다.
································· [   ]

05 다음 [   ] 안의 讀音에 해당하는 漢字[正字]를 써서 漢字語를 완성하시오.   78~82번

78 은어 한 마리를 잡아다가 魚 東 肉 [   ]에 따라 제사상을 차렸다.

79 그들은 어려운 시절을 함께 살아온 竹 馬 故 [   ]이다.

80 소년은 울면서 자신의 사정을 以 [   ] 直 告 하였다.

81 그는 여러 차례 승리를 거둔 百 [   ] 老 將 이다.

82 책을 읽고 글을 쓰는 것은 무릇 [   ] 行 一 致 를 위함이다.

06 다음 漢字와 뜻이 反對 또는 相對되는 漢字[正字]를 [   ] 안에 넣어 글 속의 漢字語를 완성하시오.   83~85번

83 군사지역에 민간인 [   ] 入을 금지하였다.

84 의병운동이 [   ] 鄕 각지에서 일어났다.

85 남남끼리 兄 [   ]의 관계를 맺었다.

07 다음 漢字와 뜻이 같거나 비슷한 漢字[正字]를 [   ] 안에 넣어 글 속의 漢字語를 완성하시오.   86~88번

86 입양아를 친자식처럼 養 [   ]했다.

87 오랜 가뭄으로 河 [   ]이 바닥을 드러냈다.

88 운동장은 함성과 열기로 [   ] 滿 했다.

08 다음 漢字語와 同音語가 되도록 [   ] 안에 알맞은 漢字[正字]를 쓰되, 제시된 뜻에 맞추시오.   89~91번

89 舍利 – [   ] 理 : 사물의 이치.

90 強手 – [   ] 水 : 강물.

91 減産 – 減 [   ] : 빼어 셈함.

09 다음 漢字의 略字약자를 쓰시오.   92~94번

92 舊 – [   ]   **93** 傳 – [   ]

94 團 – [   ]

10 다음 漢字의 部首를 쓰시오.   95~97번

95 元 – [   ]   **96** 雲 – [   ]

97 必 – [   ]

11 다음 漢字語의 일반적인 뜻을 쓰시오.   98~100번

98 夜深 : [   ]

99 筆寫 : [   ]

100 漁船 : [   ]

01 다음 글에서 밑줄 친 單語 중 한글로 표기된 것은 漢字(正字)로, 漢字로 표기된 것은 한글로 고쳐 쓰시오. 01~24번

일반적으로 傳統⁽¹⁾문화⁽²⁾는 한 민족⁽³⁾이 공유⁽⁴⁾하고 대대⁽⁵⁾로 전래되어서 그 민족만의 독특⁽⁶⁾한 색깔을 만들어내는 문화를 말한다.

01 [   ] 02 [   ]

03 [   ] 04 [   ]

05 [   ] 06 [   ]

양측 대표⁽⁷⁾는 기본⁽⁸⁾ 안에서 協商⁽⁹⁾을 개시⁽¹⁰⁾했으나 事件⁽¹¹⁾의 책임⁽¹²⁾ 소재⁽¹³⁾를 상대에게 전가하여 論難⁽¹⁴⁾이 격화되었다.

07 [   ] 08 [   ]

09 [   ] 10 [   ]

11 [   ] 12 [   ]

13 [   ] 14 [   ]

靑銅器⁽¹⁵⁾의 발명⁽¹⁶⁾은 고대사회의 산업⁽¹⁷⁾ 혁명으로, 이로부터 인류⁽¹⁸⁾는 새로운 역사⁽¹⁹⁾를 創造⁽²⁰⁾하게 되었다.

15 [   ] 16 [   ]

17 [   ] 18 [   ]

19 [   ] 20 [   ]

팀파니(Timpani)는 오케스트라에서 가장 중요한 打樂器⁽²¹⁾이다. 팀파니는 작곡가⁽²²⁾의 의도에 따라 여러 가지 다른 음으로 調律⁽²³⁾이 가능하며, 정확한 음정을 낼 수 있어서 화음⁽²⁴⁾ 연주에 참여할 수 있다.

21 [   ] 22 [   ]

23 [   ] 24 [   ]

02 다음 밑줄 친 漢字語의 讀音을 쓰시오. 25~47번

25 학생들에게 希望과 용기를 불어넣었다.
················· [   ]

26 여객기 승객들의 신원을 確認하였다.
················· [   ]

27 언론사마다 열띤 取材 경쟁을 벌였다.
················· [   ]

28 사람들은 祝福의 인사를 나누며 헤어졌다.
················· [   ]

29 작업은 오랜 期間에 걸쳐 진행되었다.
················· [   ]

30 격언이나 俗談에는 선인들의 지혜가 담겨 있다. ················· [   ]

31 어금니가 아파서 齒科에서 치료를 하였다.
················· [   ]

32 삼촌은 지방 자치 議員 선거에서 당선되었다.
················· [   ]

33 숲으로 달아난 **敵軍**의 잔당을 추격하였다.
.... [   ]

34 철새의 숙면을 위해 주변의 조명을 **消燈**하였다. .... [   ]

35 모교를 방문하여 **恩師**를 찾아뵈었다.
.... [   ]

36 그는 병이 **完治**되어 퇴원하였다.
.... [   ]

37 적절한 보기가 있어 **理解**에 도움이 되었다.
.... [   ]

38 탐험대가 **南極** 탐험을 계획하고 있다.
.... [   ]

39 은퇴하신 교장 선생님께서는 고향에 돌아가 **後進** 양성에 힘을 기울였다.
.... [   ]

40 소방관들이 화재 **申告**를 받고 출동하였다.
.... [   ]

41 전학 가는 친구를 위해 **送別**회를 열었다.
.... [   ]

42 미술품을 감상하며 예술에 대한 **眼目**을 길렀다. .... [   ]

43 교통 법규를 위반하여 **罰金**을 냈다.
.... [   ]

44 그녀는 **羊毛**로 짠 스웨터를 입고 있었다.
.... [   ]

45 사찰에는 조선 시대 목조 **建築**이 남아 있었다.
.... [   ]

46 원고에 가끔 **誤字**가 눈에 띄었다.
.... [   ]

47 사진을 인화하기 위해 **暗室**을 만들었다.
.... [   ]

03 다음 漢字의 訓과 音을 쓰시오.　48～69번

48 察 [   ]　49 滿 [   ]
50 笑 [   ]　51 鼻 [   ]
52 純 [   ]　53 念 [   ]
54 賢 [   ]　55 豆 [   ]
56 爲 [   ]　57 檀 [   ]
58 壁 [   ]　59 務 [   ]
60 背 [   ]　61 煙 [   ]
62 好 [   ]　63 寶 [   ]
64 個 [   ]　65 星 [   ]
66 暖 [   ]　67 災 [   ]
68 落 [   ]　69 細 [   ]

04 다음 문장에서 밑줄 친 漢字語를 漢字[正字]로 쓰시오.　70～77번

70 근래에는 도시에서 **농촌**으로 이주하는 주민이 많다. .... [   ]

71 비가 오자 **기온**이 급속히 내려갔다.
.... [   ]

72 수천 명의 군중들이 **광장**에 모여들었다.
.... [   ]

73 인류평화에 이바지하는 역사적 **사명**을 강조하였다. .... [   ]

74 차일피일 시간만 보내고 **성과**는 없었다.
.... [   ]

75 양국 간의 경제 **교류**가 더욱 활발해질 전망이다. .... [   ]

76 그는 지식이 풍부하고 **성품**이 호탕하였다.
·················· [　　　　　]

77 난로 옆에는 인화물질이 없도록 **주의**해야
한다. ··············· [　　　　　]

05 다음 [ ] 안의 讀音에 해당하는 漢字[正字]를
써서 漢字語를 완성하시오.   78~82번

78 우리 학교의 건학이념은 敬 天 [　　　　　]
人이다.

79 전차가 水 [　　　　　] 兩用으로 만들어졌다.

80 경전과 역사를 널리 읽어 溫 故 [　　　]
新의 교훈으로 삼는다.

81 "어찌 사람이 그런 凶 [　　　　　] 無道한
짓을 할 수 있느냐"

82 과학적이고 합리적인 思 考 方 [　　　　]
이 필요하다.

06 다음 漢字와 뜻이 反對 또는 相對되는 漢字
[正字]를 [ ] 안에 넣어 글 속의 漢字語를
완성하시오.   83~85번

83 저울은 사물의 輕 [　　　　　]을 다는 것
이다.

84 선수들의 정신력에 [　　　　　] 敗가 달
려 있다.

85 학생들은 晝 [　　　　　]로 학문에 정진
했다.

07 다음 漢字와 뜻이 같거나 비슷한 漢字[正字]를
[ ] 안에 넣어 글 속의 漢字語를 완성하시오.   86~88번

86 모내기를 할 수 있는 조건을 [　　　　]
備하였다.

87 건물에는 [　　　　　] 息 공간이 마련되
어 있었다.

88 백자에는 깨끗하고 素 [　　　　　]한 숨
결이 살아 있다.

08 다음 漢字語와 讀音이 같은 漢字語가 되도록
[ ] 안에 한자[正字]를 쓰되, 제시된 뜻에
맞추시오.   89~91번

89 電信 - 全 [　　　　　] : 몸 전체

90 富者 - 父 [　　　　　] : 아버지와
아들

91 古城 - [　　　　　] 聲 : 큰소리

09 다음 漢字의 略字약자를 쓰시오.   92~94번

92 體 - [　　　　] 93 價 - [　　　　]

94 變 - [　　　　]

10 다음 漢字의 部首를 쓰시오.   95~97번

95 橋 - [　　　　] 96 賣 - [　　　　]

97 算 - [　　　　]

11 다음 漢字語의 일반적인 뜻을 쓰시오.
98~100번

98 家屋 : [　　　　　　　　　]

99 深海 : [　　　　　　　　　]

100 秋風 : [　　　　　　　　　]

03회

한자능력검정시험 4급 II
기출·예상문제

(사) 한국어문회 주관	
합격문항	42문항
시험시간	50분
정 답	152쪽

01 다음 漢字語의 讀音을 쓰시오.　01~35번

01 航海 [　　　]　　02 職業 [　　　]

03 明快 [　　　]　　04 警察 [　　　]

05 得失 [　　　]　　06 兩邊 [　　　]

07 破産 [　　　]　　08 限界 [　　　]

09 名唱 [　　　]　　10 講壇 [　　　]

11 富貴 [　　　]　　12 雲雨 [　　　]

13 築城 [　　　]　　14 恩惠 [　　　]

15 知的 [　　　]　　16 調練 [　　　]

17 精誠 [　　　]　　18 尊敬 [　　　]

19 滿開 [　　　]　　20 祝砲 [　　　]

21 報復 [　　　]　　22 客席 [　　　]

23 取消 [　　　]　　24 記錄 [　　　]

25 施設 [　　　]　　26 競走 [　　　]

27 費用 [　　　]　　28 希望 [　　　]

29 確保 [　　　]　　30 任員 [　　　]

31 支佛 [　　　]　　32 寒暖 [　　　]

33 態度 [　　　]　　34 處罰 [　　　]

35 銃器 [　　　]

02 다음 漢字의 訓과 音을 쓰시오.　36~57번

36 退 [　　　]　　37 救 [　　　]

38 忠 [　　　]　　39 容 [　　　]

40 假 [　　　]　　41 寶 [　　　]

42 野 [　　　]　　43 呼 [　　　]

44 印 [　　　]　　45 藝 [　　　]

46 息 [　　　]　　47 修 [　　　]

48 暗 [　　　]　　49 博 [　　　]

50 導 [　　　]　　51 早 [　　　]

52 治 [　　　]　　53 師 [　　　]

54 務 [　　　]　　55 難 [　　　]

56 絶 [　　　]　　57 進 [　　　]

03 다음 문장에서 밑줄 친 漢字語를 漢字로 쓰시오. 58~77번

58 "이 나무의 **특질**은 무엇일까요?"

·········· [   ]

59 우리 언니는 **직선**적인 성격이다.

·········· [   ]

60 모두들 **체육** 시간을 즐거워한다.

·········· [   ]

61 자신이 한 **약속**은 꼭 지켜야 한다.

·········· [   ]

62 떠도는 **소문**을 너무 믿으면 안 된다.

·········· [   ]

63 국경을 무사히 **통과**하였다.

·········· [   ]

64 고향에서 **자연**과 더불어 살아간다.

·········· [   ]

65 환영 인파가 **광장**을 가득 메웠다.

·········· [   ]

66 '상의원'은 **조선** 시대에 임금의 의복과 궁중에서 쓰이는 일용품 및 보물을 공급하는 일을 맡아보던 관청이다. ··· [   ]

67 그는 굳은 **신념**을 지녔다.

·········· [   ]

68 할머니께서는 수술이 끝나고 **병실**로 옮겨졌다.

·········· [   ]

69 장터거리 **상점**들도 거의 문을 닫았다.

·········· [   ]

70 난해한 문장은 글의 **품격**을 떨어뜨린다.

·········· [   ]

71 이 박물관은 **휴일**에만 유료로 개방된다.

·········· [   ]

72 그는 **관광**버스를 타고 관광을 다닌다.

·········· [   ]

73 사람에 따라 느끼는 **감정**이 다를 수 있다.

·········· [   ]

74 처방전을 가지고 **약국**에 가서 약을 받았다.

·········· [   ]

75 전쟁통에는 **교과서**도 없이 수업하였다.

·········· [   ]

76 어머니께서는 **주야**로 아버지의 무사를 빌었다.

·········· [   ]

77 저 바위 모양은 **풍화** 작용에 의해 만들어졌다.

·········· [   ]

04 다음 [   ]에 알맞은 漢字를 써서 四字成語를 완성하시오. 78~82번

78 有口無 [   ]

: 변명할 말이 없음.

79 [   ] 肉強食

: 약한 자가 강한 자에게 먹힘.

80 論 [   ] 行賞

: 공이 많고 적음을 의논하여 상을 줌.

81 公衆道[   ]

: 여럿이 모여 생활하는 데 지켜야 하는 도리나 규범.

82 以心[   ]心

: 말이나 글에 의지하지 않고 마음에서 마음으로 전함.

05 다음 漢字와 뜻이 反對 또는 相對되는 漢字를 [   ]에 적어 漢字語를 만드시오. 83~85번

83 老 ↔ [   ] 84 善 ↔ [   ]

85 苦 ↔ [   ]

06 다음 漢字와 뜻이 같거나 비슷한 漢字를 [   ]에 적어 漢字語를 만드시오. 86~88번

86 眼 − [   ] 87 [   ] − 算

88 衣 − [   ]

07 다음 漢字語와 讀音은 같으나 뜻이 다른 漢字語가 되도록 [   ] 안에 漢字를 쓰시오. 89~91번

89 固守 − [   ]手

: 수가 높음, 또는 수가 높은 사람.

90 新古 − 申[   ]

: 일정한 사실을 진술하거나 보고하는 일.

91 四神 − 使[   ]

: 임금이나 국가의 명령으로 외국에 심부름 가는 신하.

08 다음 漢字의 部首를 쓰시오. 92~94번

92 制 − [   ] 93 等 − [   ]

94 煙 − [   ]

09 다음 漢字의 略字약자를 쓰시오. 95~97번

95 價 − [   ] 96 晝 − [   ]

97 參 − [   ]

10 다음 漢字語의 뜻을 쓰시오. 98~100번

98 手製 : [   ]

99 協同 : [   ]

100 油田 : [   ]

(사) 한국어문회 주관	
합격문항	42문항
시험시간	50분
정답	153쪽

01 다음 漢字語의 讀音을 쓰시오. 01~35번

01 建設 [   ] 02 注入 [   ]

03 英才 [   ] 04 最初 [   ]

05 念頭 [   ] 06 夜景 [   ]

07 歌曲 [   ] 08 雪原 [   ]

09 夫婦 [   ] 10 論理 [   ]

11 放牧 [   ] 12 滿員 [   ]

13 個人 [   ] 14 高聲 [   ]

15 賞品 [   ] 16 罰則 [   ]

17 寫眞 [   ] 18 健康 [   ]

19 法律 [   ] 20 單式 [   ]

21 農事 [   ] 22 魚族 [   ]

23 船主 [   ] 24 研究 [   ]

25 落選 [   ] 26 物件 [   ]

27 談話 [   ] 28 競技 [   ]

29 防水 [   ] 30 增價 [   ]

31 再修 [   ] 32 多福 [   ]

33 命令 [   ] 34 弱者 [   ]

35 登錄 [   ]

02 다음 漢字의 訓과 音을 쓰시오. 36~57번

36 飛 [   ] 37 席 [   ]

38 眼 [   ] 39 官 [   ]

40 固 [   ] 41 造 [   ]

42 帶 [   ] 43 冷 [   ]

44 未 [   ] 45 減 [   ]

46 獨 [   ] 47 佛 [   ]

48 港 [   ] 49 養 [   ]

50 雄 [   ] 51 斷 [   ]

52 昨 [   ] 53 波 [   ]

54 走 [   ] 55 買 [   ]

56 流 [   ] 57 島 [   ]

03 다음 문장에서 밑줄 친 漢字語를 漢字로 쓰세요.　　58~67번

58 **매주** 월요일마다 회의를 한다.
………………………… [　　　　]

59 건물 **객실**은 손님들로 가득 찼다.
………………………… [　　　　]

60 철수는 지상 **낙원**에서 살기를 꿈꿨다.
………………………… [　　　　]

61 사람이 살고 있는 집마다 **번지**가 있다.
………………………… [　　　　]

62 운전자는 **차선**을 잘 지켜 운전해야 한다.
………………………… [　　　　]

63 우리나라 사람들은 요즈음 해외 **여행**을 많이 한다. ……… [　　　　]

64 김 영감은 **손자**들을 돌보며 소일하고 있다.
………………………… [　　　　]

65 **산업**혁명은 18세기에 영국에서 먼저 일어났다.
………………………… [　　　　]

66 사람들은 **이해** 관계에 따라 만나고 헤어지는 경향이 있다. ……… [　　　　]

67 사람들이 열심히 일하는 **목적**은 좀 더 나은 내일을 위해서이다. … [　　　　]

04 다음 (　　) 안의 뜻풀이를 참고하여 제시된 漢字語를 漢字로 쓰시오.　　68~77번

68 **태양**(해) ……………… [　　　　]

69 **하복**(여름 옷) ………… [　　　　]

70 **세족**(발을 씻음) ……… [　　　　]

71 **해양**(큰 바다) ………… [　　　　]

72 **아동**(어린 아이) ……… [　　　　]

73 **별종**(다른 종자) ……… [　　　　]

74 **식수**(나무를 심음) …… [　　　　]

75 **주택**(사람이 사는 집)
………………………… [　　　　]

76 **충실**(내용이 알차고 단단함)
………………………… [　　　　]

77 **설명**(내용을 알 수 있도록 자세히 밝힘)
………………………… [　　　　]

05 다음 [　　]에 알맞은 漢字를 써서 四字成語를 완성하시오.　　78~82번

78 [　　　　]藥 苦 口
: 좋은 약은 입에 씀.

79 燈 火 可[　　　　]
: 독서하기 좋은 계절.

80 家 財 道[　　　　]
: 집안에서 쓰는 온갖 기구.

81 溫 故[　　　　]新
: 옛 것을 익혀 새 것을 앎.

82 大[　　　　]特 筆
: 특별히 드러나게 큰 글자로 씀.

06 다음 漢字와 뜻이 反對 또는 相對되는 漢字를 [　]에 적어 漢字語를 만드시오. 83~85번

83 勞 ↔ [　　　　　] 84 [　　　　　] ↔ 活

85 師 ↔ [　　　　　]

07 다음 漢字와 뜻이 같거나 비슷한 漢字를 [　]에 적어 漢字語를 만드시오. 86~88번

86 兵 - [　　　　　] 87 [　　　　　] - 虛

88 境 - [　　　　　]

08 다음 漢字語와 讀音은 같으나 뜻이 다른 漢字語가 되도록 [　] 안에 漢字를 쓰시오. 89~91번

89 心身 - 深 [　　　　　]

　　: 깊이 믿음.

90 科擧 - [　　　　　] 去

　　: 이미 지나간 때.

91 監査 - [　　　　　] 謝

　　: 고맙게 여기는 느낌.

09 다음 漢字의 部首를 쓰시오. 92~94번

92 票 - [　　　　　] 93 領 - [　　　　　]

94 詩 - [　　　　　]

10 다음 漢字의 略字약자를 쓰시오. 95~97번

95 廣 - [　　　　　] 96 醫 - [　　　　　]

97 號 - [　　　　　]

11 다음 漢字語의 뜻을 쓰시오. 98~100번

98 敬老 : [　　　　　]

99 前進 : [　　　　　]

100 改名 : [　　　　　]

05회

한자능력검정시험 4급Ⅱ
기출·예상문제

(사) 한국어문회 주관	
합격문항	42문항
시험시간	50분
정 답	154쪽

01 다음 漢字語의 讀音을 쓰시오.   01~35번

01 良識 [   ]   02 陰陽 [   ]

03 買收 [   ]   04 落馬 [   ]

05 技法 [   ]   06 羅列 [   ]

07 深夜 [   ]   08 牧場 [   ]

09 佛敎 [   ]   10 港都 [   ]

11 暗室 [   ]   12 純潔 [   ]

13 頭目 [   ]   14 旅程 [   ]

15 背反 [   ]   16 禮式 [   ]

17 作品 [   ]   18 將軍 [   ]

19 體育 [   ]   20 貧富 [   ]

21 過速 [   ]   22 製造 [   ]

23 球團 [   ]   24 去來 [   ]

25 總選 [   ]   26 思想 [   ]

27 案內 [   ]   28 罰金 [   ]

29 賞狀 [   ]   30 間接 [   ]

31 宗婦 [   ]   32 暖房 [   ]

33 郡守 [   ]   34 氷原 [   ]

35 密林 [   ]

02 다음 漢字의 訓과 音을 쓰시오.   36~57번

36 銅 [   ]   37 統 [   ]

38 個 [   ]   39 鳥 [   ]

40 解 [   ]   41 基 [   ]

42 畫 [   ]   43 盛 [   ]

44 送 [   ]   45 麗 [   ]

46 壓 [   ]   47 請 [   ]

48 競 [   ]   49 兩 [   ]

50 擔 [   ]   51 質 [   ]

52 移 [   ]   53 煙 [   ]

54 打 [   ]   55 端 [   ]

56 曜 [   ]   57 着 [   ]

03 다음 문장에서 밑줄 친 漢字語를 漢字로 쓰세요. 　58~67번

58 오늘 **온도**는 섭씨 30도이다.
.... [　　　]

59 오미자는 **약재**로도 쓰인다.
.... [　　　]

60 사람은 모름지기 **성격**이 좋아야 한다.
.... [　　　]

61 "우리들의 **우정** 영원히 변치 말자!"
.... [　　　]

62 어제는 우리 학교 **개교** 기념일이었다.
.... [　　　]

63 철수는 우리 반의 **반장**으로 뽑혔다.
.... [　　　]

64 이번 여름 **방학**은 시골 할머니 댁에서 보낼 예정이다. .... [　　　]

65 우리나라를 지킨 **조상**들의 노력에 감사하자.
.... [　　　]

66 재미있다고 입소문이 난 공연장은 **관객**들로 가득 찼다. .... [　　　]

67 두 사람은 **신임**이 두터웠다.
.... [　　　]

04 다음 ( ) 안의 뜻풀이를 참고하여 제시된 漢字語를 漢字로 쓰시오. 　68~77번

68 세필(붓을 씻음) .... [　　　]

69 행운(좋은 운수) .... [　　　]

70 수석(맨 앞자리. 일등)
.... [　　　]

71 구습(예전의 낡은 풍습)
.... [　　　]

72 경로(노인을 공경함) ·· [　　　]

73 민족(겨레) .... [　　　]

74 다복(복이 많음) .... [　　　]

75 성사(일이 이루어짐) ·· [　　　]

76 애정(사랑하는 마음) ·· [　　　]

77 표현(생각이나 감정 등을 드러내어 나타냄)
.... [　　　]

05 다음 [ ]에 알맞은 漢字를 써서 漢字語를 완성하시오. 　78~82번

78 無[　　　]地帶
: 바람이 불지 아니하는 지역.

79 好衣好[　　　]
: 좋은 옷을 입고 좋은 음식을 먹음.

80 至誠[　　　]天
: 지극한 정성에 하늘도 감동함.

81 [　　　]物生心
: 어떤 실물을 보게 되면 그것을 가지고 싶은 욕망이 생김.

82 白[　　　]書生
: 글만 읽고 세상일에 경험이 없는 사람.

06 다음 漢字와 뜻이 反對(相對)되는 漢字를 [   ] 안에 넣어 漢字語를 완성하시오. 83~85번

83 遠 ↔ [   ] **84** [   ] ↔ 鄕

85 輕 ↔ [   ]

07 다음 漢字와 뜻이 같거나 비슷한 漢字를 [   ] 안에 넣어 漢字語를 완성하시오. 86~88번

86 單 − [   ] **87** [   ] − 察

88 希 − [   ]

08 다음 漢字語와 讀音은 같으나 뜻이 다른 漢字語를 漢字로 쓰시오. 89~91번

89 死火 − 史 [   ] : 역사 이야기.

90 講和 − 強 [   ] : 강하게 함.

91 全文 − 傳 [   ] : 전하여 들음.

09 다음 漢字의 略字약자를 쓰시오. 92~94번

92 兒 − [   ] **93** 發 − [   ]

94 實 − [   ]

10 다음 漢字의 部首를 쓰시오. 95~97번

95 街 − [   ] **96** 星 − [   ]

97 歲 − [   ]

11 다음 漢字語의 뜻을 쓰시오. 98~100번

98 減員 : [   ]

99 悲報 : [   ]

100 滿水 : [   ]

(사) 한국어문회 주관

한자능력 검정시험

정답 및 해설 4급Ⅱ

▷ 예상문제 1회 ~ 13회

▷ 기출·예상문제 1회 ~ 5회

해설

01	벽지	02	논쟁	03	운집	04	급소
05	고장	06	인용	07	휴식	08	여숙
09	폭풍	10	단순	11	율동	12	담소
13	보행	14	진리	15	해변	16	미개
17	입법	18	나열	19	취득	20	경애
21	제명	22	제시	23	이해	24	조기
25	유학	26	독약	27	경찰	28	원탁
29	연설	30	양호	31	고난	32	항진
33	연대	34	수위	35	부흥	36	거느릴 통
37	마을 부	38	눈 안	39	사례할 사	40	마실 음
41	다스릴 치	42	더할 익	43	빌 축	44	재앙 재
45	성낼 노	46	꾸짖을 책	47	넓을 광	48	단 단
49	빛날 요	50	말 두	51	지날 력	52	권세 권
53	얼음 빙	54	묶을 속	55	수컷 웅	56	터 기
57	익힐 습	58	事件	59	重要	60	形便
61	氣分	62	實情	63	自由	64	運數
65	上陸	66	高價	67	通商	68	表記
69	級訓	70	言約	71	洗面	72	半切
73	直球	74	不在	75	國史	76	觀客
77	親知	78	陽	79	失	80	夜
81	當	82	放	83	路	84	伝
85	礼=礼	86	対	87	士 / 卒	88	界
89	着 / 達	90	變	91	獨	92	識
93	見	94	風	95	③	96	①
97	④	98	본디 질이 다른 것이 감화되어 같게 됨				
99	효력을 잃음	100	잘못된 점을 고쳐 더 잘되게 함				

02 論爭(논쟁)▶(논할 론)(다툴 쟁)
: 각각 자기의 주장을 말이나 글로 논하여 다툼.
→ '論'자는 본음이 '론'이나 여기에서는 두음법칙에 따라 '논'으로 읽고 적는다.
참 08. 11. 17. 18. 23. 25. 30. 33번

04 急所(급소)▶(급할 급)(바 소) : ① 조금만 다쳐도 생명에 지장을 주는 몸의 중요한 부분 ② 사물의 가장 중요한 곳.
→ 여기에서 '急'자는 '중요하다'를 뜻하고, '所'자는 '일정한 곳'을 뜻한다.

09 '暴'자는 뜻에 따라 '폭' 또는 '포'로 발음한다.

16 未開(미개)▶(아닐 미)(열 개) : ① 아직 꽃이 피지 않음 ② 토지 또는 어떤 분야가 개척되지 않음 ③ 사회가 발전되지 않고 문화 수준이 낮은 상태.
→ 여기에서 '開'자는 '개척(開拓)하다'를 뜻한다.

18 羅列(나열)▶(벌릴 라)(벌릴 렬) : ① 죽 벌여 놓음 또는 죽 벌여 있음 ② 나란히 줄을 지음.
→ '列'자는 단어의 첫머리에서는 두음법칙에 따라 '열'로 적고, 이외에는 본음대로 적는다. 다만 '모음'이나 'ㄴ' 받침 뒤에 이어지는 '렬, 률'은 '열, 율'로 적는다.

53 '氷(얼음 빙)'자는 '冰'자와 쓰임이 같은 異體字이다.

82 '防火(방화)'는 '불이 나는 것을 미리 막음'을 뜻하고, '放火(방화)'는 '일부러 불을 지름'을 뜻한다.

02회 예상문제
52쪽~54쪽

해설

01	독파	02	화물	03	혈맥	04	동상
05	지도	06	총독	07	중생	08	흡수
09	민속	10	논설	11	진퇴	12	오인
13	자율	14	관계	15	원만	16	미려
17	표결	18	사원	19	결석	20	녹두
21	벽화	22	저축	23	이주	24	침해
25	규제	26	열거	27	금지	28	허다
29	반응	30	기록	31	현명	32	불쾌
33	시설	34	항해	35	연수	36	덜 제
37	도장 인	38	완전할 완	39	널 판	40	귀할 귀
41	얼굴 용	42	법식 례	43	마디 절	44	바랄 망
45	꽃부리 영	46	코 비	47	순수할 순	48	눈 설
49	세금 세	50	재목 재	51	절 배	52	끌 제
53	편안 강	54	부를 창	55	벼슬 관	56	따뜻할 난
57	넓을 박	58	信任	59	年歲	60	團束
61	通告	62	强調	63	風速	64	充分
65	練習	66	使命	67	參席	68	舊習
69	面前	70	話術	71	平和	72	卒業
73	約數	74	到來	75	休養	76	基金
77	行商	78	本	79	實	80	舊
81	鮮	82	草	83	園	84	当
85	変	86	独	87	歌	88	去
89	識	90	清	91	言	92	明
93	不	94	石	95	①	96	①
97	④	98	(옳다고) 믿고 받듦				
99	잘못이나 허물						
100	(소나 말·양 따위의) 가축을 놓아 기름						

01 讀破(독파)▶(읽을 독)(깨뜨릴 파) : 많은 분량의 책이나 글을 처음부터 끝까지 다 읽음.
→ 여기에서 '破'자는 '다하다. 남김 없다'를 뜻한다.

11 進退(진퇴)▶(나아갈 진)(물러날 퇴)
: ① 앞으로 나아가고 뒤로 물러남 ② 직위나 자리에서 머물러 있음과 물러남.
→ '進退'는 서로 뜻이 상대(반대)되는 한자로 결합된 한자어이다.

13 '自律'의 '律'자는 본음이 '률'이나 '모음'이나 'ㄴ' 받침 뒤에 이어지는 '렬, 률'은 '열, 율'로 적는다.

28 許多(허다)하다▶(허락할 허)(많을 다)
: 수효(數爻)가 매우 많다.
→ 여기에서 '許'자는 '매우'를 뜻한다.

33 施設(시설)▶(베풀 시)(베풀 설) : 도구, 기계, 장치 따위를 베풀어 설비함 또는 그런 설비.
→ '施設'은 서로 뜻이 비슷한 한자로 결합된 한자어이다.

61 通告(통고)▶(통할 통)(고할 고)
: 서면이나 말로 소식을 전하여 알림.
→ 여기에서 '通'자는 '두루두루 (알리다)'를 뜻하고, '告'자는 '알리다'를 뜻한다.

67 '參席'의 '參'자는 쓰임에 따라 뜻과 소리가 달라지는 글자이다.
참 參(석 삼, 참여할 참)

73 約數(약수)▶(맺을 약)(셈 수)
→ 여기에서 '約'자는 '묶다. 나눗셈하다'를 뜻한다.

99 過失(과실)▶(지날 과)(잃을 실)
→ 여기에서 '過'자는 '허물. 잘못'을 뜻한다.

03회   예상문제   55쪽~57쪽

해설

01	장벽	02	소독	03	가설	04	신청
05	계원	06	방충	07	내방	08	도달
09	지시	10	사택	11	강당	12	비상
13	포용	14	영광	15	전등	16	건강
17	전승	18	영식	19	수양	20	직무
21	해결	22	금연	23	응용	24	국제
25	배신	26	쾌속	27	표정	28	조기
29	파격	30	부업	31	혈액	32	관측
33	과오	34	밀림	35	배급	36	섬 도
37	고울 려	38	칠 공	39	줄기 맥	40	떨어질 락
41	날 비	42	아이 동	43	누를 압	44	벌일 렬
45	물결 파	46	모일 사	47	고를 조	48	등급 급
49	무리 중	50	배 선	51	다 총	52	다리 교
53	잎 엽	54	별 성	55	달릴 주	56	아이 아
57	클 위	58	少數	59	勝算	60	校歌
61	邑內	62	全科	63	獨學	64	直線
65	育成	66	去來	67	外界	68	日光
69	終禮	70	注目	71	筆者	72	着陸
73	順風	74	開店	75	團長	76	國運
77	戰功	78	卒 / 兵	79	害	80	使
81	始	82	害	83	相	84	關
85	参	86	画	87	直	88	福
89	重	90	傳	91	平	92	死
93	九	94	友	95	②	96	①
97	③	98	중요한 (자리에 있는) 사람				
99	씨 / 씨앗	100	말재주				

04 申請(신청)▶(납 신)(청할 청)
: 단체나 기관에 일이나 물건을 알려 청구함.
→ 여기에서 '申'자는 '알리다. 신고(申告)하다' 를 뜻한다.

10 '舍宅'의 '宅'자는 쓰임에 따라 소리가 달라지는 글자이다. '남의 집이나 가정'을 높여서 말할 때에는 '댁'으로 읽고, '집'을 뜻할 때에는 '택'으로 읽는다.

13 包容(포용)▶(쌀 포)(얼굴 용)
: 남을 너그럽게 감싸 주거나 받아들임.
→ 여기에서 '容'자는 '받아들이다'를 뜻한다.

22 禁煙(금연)▶(금할 금)(연기 연)
: 담배를 피우는 것을 금함.
→ '煙'자는 쓰임이 같은 이체자(異體字) '烟'자 가 있다.

25 背信(배신)▶(등 배)(믿을 신)
: 믿음이나 의리를 저버림.
→ 여기에서 '背'자는 '등지다. 배반하다'를 뜻한다.

26 快速(쾌속)▶(쾌할 쾌)(빠를 속)
: 속도가 매우 빠름.
→ 여기에서 '快'자는 '빠르다. 날래다'를 뜻한다.

36 '島(섬 도)'자는 '鳥(새 조)'자와 모양이 비슷하여 혼동하기 쉬운 글자이다.

80 勞使(노사)▶(일할 로)(하여금 사)
: 노동자(勞動者)와 사용자(使用者).

99 種子(종자)▶(씨 종)(아들 자)
→ 여기에서 '子'자는 '아들'의 뜻으로 쓰인 것이 아니라, 어근이나 단어의 뒤에 붙어서 새로운 단어가 되게 하는 '접미사'이다.

04회 예상문제　58쪽~60쪽

해설

01	답장	02	보호	03	발포	04	가감
05	살벌	06	부활	07	암흑	08	증진
09	선정	10	훈련	11	경험	12	고궁
13	정열	14	접수	15	조류	16	상속
17	여정	18	이치	19	냉방	20	절실
21	장차	22	창조	23	제안	24	풍속
25	소포	26	유실	27	단념	28	축항
29	여파	30	배수	31	개성	32	창도
33	방송	34	혈통	35	특혜	36	청할 청
37	더할 가	38	지을 제	39	거느릴 령	40	고칠 개
41	공경할 경	42	상 상	43	생각할 고	44	신선 선
45	띠 대	46	벌할 벌	47	노래 요	48	목욕할 욕
49	푸를 록	50	성인 성	51	길할 길	52	같을 여
53	베낄 사	54	쓸 소	55	살필 성 / 덜 생		
56	나눌 반	57	장사 상	58	時調	59	課題
60	週番	61	強要	62	植樹	63	朗讀
64	式順	65	格言	66	急流	67	奉仕
68	太半	69	主觀	70	不正	71	宿所
72	物理	73	化學	74	歷史	75	物質
76	通過	77	人體	78	白	79	孫
80	樂	81	電	82	名	83	過
84	図	85	会	86	広	87	實
88	園	89	本	90	美	91	足
92	成	93	窓	94	往	95	③
96	②	97	③	98	남보다 먼저 도착함		
99	대수롭지 않게 업신여김 / 깔봄 / 얕봄						
100	빨리 걸음 / 빠른 걸음						

01 答狀(답장)▶(대답 답)(문서 장)
: 회답하는 편지를 보냄 또는 그 편지.
→ '狀'자는 뜻에 따라 소리가 달라지는 글자이다.
참 狀(형상 상, 문서 장)

05 殺伐(살벌)▶(죽일 살)(칠　벌)
: ① 행동이나 분위기가 거칠고 무시무시함
② 사람을 죽이고 들이침.
→ '殺'자는 뜻에 따라 소리가 달라지는 글자이다.
참 殺(죽일 살, 감할 쇄, 빠를 쇄)

06 復活(부활)▶(다시 부)(살　활) : ① 죽었다가 다시 살아남 ② 쇠퇴한 것이 다시 성하게 됨.
→ '復'자는 뜻에 따라 소리가 달라지는 글자이다.
참 復(다시 부, 회복할 복)

17 旅程(여정)▶(나그네 려)(한도 정)
: 여행의 과정(過程)이나 일정(日程).
→ 여기에서 '程'자는 '길. 길의 거리'를 뜻한다.

20 切實(절실)하다▶(끊을 절)(열매 실)
: ① 느낌이나 생각이 뼈저리게 강렬한 상태에 있다 ② 매우 시급하고도 중요한 상태에 있다.
→ 여기에서 '切'자는 '적절(適切)하다'를 뜻한다.
→ '切'자는 뜻에 따라 소리가 달라지는 글자이다.
참 切(끊을 절, 온통 체)

21 將次(장차)▶(장수 장)(버금 차) : '앞으로'라는 뜻으로, '미래의 어느 때'를 나타내는 말.
→ 여기에서 '將'자는 '앞으로'를 뜻하고, '次'자는 '다음'을 뜻한다.

32 唱導(창도)▶(부를 창)(인도할 도)
: (어떤 주장을) 앞장서서 부르짖음. 앞장서 외침.

87 果實(과실) : 과일. 열매.
→ 여기에서 '果'자는 '실과(實果)'를 뜻한다.

예상문제 정답 및 해설

05회 예상문제 61쪽~63쪽

해설

01	공직	02	내환	03	담당	04	상점
05	제청	06	감원	07	전관	08	난제
09	충치	10	강조	11	관찰	12	결승
13	독소	14	풍성	15	소실	16	위성
17	벽보	18	총선	19	한계	20	철칙
21	비축	22	무적	23	역류	24	냉해
25	요금	26	재단	27	강연	28	악대
29	흥미	30	공덕	31	목동	32	녹화
33	봉사	34	유임	35	지장	36	준할 준
37	진 액	38	슬플 비	39	쌓을 축	40	형세 세
41	건널 제	42	잘 숙	43	버금 부	44	어두울 암
45	쉴 식	46	비롯할 창	47	가질 취	48	총 총
49	시골 향	50	가리킬 지	51	씨 종	52	호수 호
53	모습 태	54	항구 항	55	가 변	56	견줄 비
57	집 옥	58	社說	59	路上	60	教養
61	獨白	62	所感	63	先頭	64	人材
65	事情	66	特性	67	集結	68	習性
69	放心	70	住宅	71	日課	72	來週
73	學級	74	意見	75	反對	76	方法
77	發表	78	今	79	死	80	高
81	陽地	82	大國	83	全身, 電信		
84	体	85	数	86	実	87	根
88	宅	89	始	90	朝	91	綠
92	溫	93	言	94	苦	95	④
96	②	97	③				
98	(자신의 잘못에 대하여) 스스로 뉘우치고 책망함						
99	(물건을 사려는 사람이 여럿일 때) 값을 가장 높이 부르는 사람에게 팖						
100	공사를 시작함						

03 擔當(담당)▶(멜　담)(마땅 당)
　: 어떤 일을 맡음. 또는 그 사람.
　→ 여기에서 '當'자는 '맡다'를 뜻한다.

05 提請(제청)▶(끌　제)(청할 청) : 어떤 안건을 제시하여, 결정하여 달라고 청구(請求)함.
　→ 여기에서 '提'자는 '들다. 제시하다'를 뜻한다.

13 毒素(독소)▶(독　독)(본디 소) : 해로운 요소.
　→ 여기에서 '素'자는 '성분(成分)'을 뜻한다.

17 壁報(벽보)▶(벽　벽)(갚을 보)
　: 벽이나 게시판에 붙여 널리 알리는 글.
　→ 여기에서 '報'자는 '알리다'를 뜻한다.

20 鐵則(철칙)▶(쇠　철)(법칙 칙)
　: 바꾸거나 어길 수 없는 중요한 법칙.
　→ '則'자는 뜻에 따라 '칙' 또는 '즉'으로 읽는다.

28 樂隊(악대)▶(노래 악)(무리 대)
　: 악기를 사용하여 연주하는 음악의 합주대.
　→ '樂'자는 '즐길 락, 풍류 악, 노래 악, 좋아할 요' 등의 훈과 음으로 쓰인다.

32 '畫'자는 쓰임에 따라 '획' 또는 '화'로 읽는다.
　참 그림 화(畫 = 畵), 그을 획(畫 = 劃)

35 支障(지장)▶(지탱할 지)(막을 장) : 일하는 데 거치적거리거나 방해가 되는 장애(障礙).
　→ 여기에서 '支'자는 '버티다'를 뜻한다.

61 獨白(독백)▶(홀로 독)(흰　백)
　→ 여기에서 '白'자는 '아뢰다'를 뜻한다.

81~83 동음이의어 문제는 정답이 여러 개일 수 있으므로 각자 그 뜻을 헤아려 학습해야 한다.

100 着工(착공)▶(붙을 착)(장인 공)
　→ 여기에서 '着'자는 '시작하다'를 뜻한다.

06회 예상문제 64쪽~66쪽

01	단결	02	청결	03	속출	04	지성
05	호위	06	수지	07	파산	08	무예
09	과세	10	전성	11	쇄도	12	강호
13	정선	14	대열	15	단절	16	준비
17	비화	18	당쟁	19	농협	20	희원
21	형태	22	죄상	23	사례	24	시혜
25	최저	26	퇴치	27	藥材	28	使用
29	藥效	30	幸福	31	品性	32	正直
33	共同	34	生活	35	基本	36	才能
37	成長	38	自信	39	단오	40	익모초
41	풍속	42	희망	43	개성	44	소질
45	수신	46	命名	47	責任	48	廣告
49	知音	50	國産	51	消化	52	遠近
53	對等	54	合格	55	讀者	56	웃음 소
57	걸음 보	58	거스를 역	59	한할 한	60	높을 존
61	인할 인	62	뭍 륙	63	집 호	64	근심 환
65	펼 전	66	즈음 제 / 가 제			67	감독할 독
68	재물 재	69	검을 흑	70	기록할 록	71	일할 로
72	멜 담	73	두 량	74	날랠 용	75	덜 감
76	거짓 가	77	오얏 리	78	直	79	今
80	弱	81	公人	82	利害	83	兵士
84	目	85	告	86	意	87	名
88	三	89	大	90	白	91	文
92	④	93	③	94	①		
95	같은 때나 시기			96	옛날 상태로 돌아감		
97	말로 전함			98	区	99	楽
100	仏						

해설

04 至誠(지성)▶(이를 지)(정성 성) : 지극한 정성.
→ 여기에서 '至'자는 '지극하다'를 뜻한다.

06 收支(수지)▶(거둘 수)(지탱할 지)
: '수입과 지출'을 아울러 이르는 말.
→ '收支'는 서로 뜻이 상대(반대)되는 한자로 결합된 한자어로, 여기에서 '支'자는 '치르다. 값을 주다'를 뜻한다.

09 課稅(과세)▶(공부할 과)(세금 세) : 세금을 매김.
→ 여기에서 '課'자는 '매기다. 부과(賦課)하다'를 뜻한다.

14 隊列(대열)▶(무리 대)(벌릴 렬) : ① 줄을 지어 늘어선 행렬 ② 어떤 활동을 위해 모인 무리.
→ '隊列'과 같이 'ㄴ'과 '모음' 뒤에 오는 '렬, 률'은 '열, 율'로 읽고 적는다.
참 軍律 : 군율(○), 군률(✕)

22 罪狀(죄상)▶(허물 죄)(형상 상)
: 범죄의 구체적인 사실.
→ '狀'자는 뜻에 따라 '형상 상', 또는 '문서 장'으로 읽는다.

40 益母草(익모초)▶(더할 익)(어미 모)(풀 초)
: 꿀풀과의 두해살이풀. '어머니[母]를 이롭게[益]한 풀[草]'이라는 뜻에서 붙여진 이름.
→ 옛날, 어느 마을에 어머니와 아들이 가난하게 살았다. 어머니는 소년을 낳은 뒤로 계속 배가 아팠지만 매번 약을 사 먹을 형편이 되지 못하였다. 그래서 소년이 의원에게 받아 온 약재를 직접 캐어 달여 드렸는데, 어머니의 몸이 회복되었다는 데에서 유래한 말이다.

96 復古(복고)▶(회복할 복)(예 고)
→ '復'자는 뜻에 따라 '복', 또는 '부'로 읽는다.

07회 예상문제 67쪽~69쪽

해설

01	가요	02	공방	03	착륙	04	정지
05	부상	06	악재	07	급류	08	두호
09	완결	10	법률	11	감독	12	음해
13	절차	14	협조	15	상식	16	신고
17	요원	18	적색	19	제전	20	충성
21	재산	22	재난	23	통화	24	창호
25	영웅	26	배치	27	밀접	28	관계
29	연결	30	서두	31	내용	32	과정
33	기준	34	원인	35	이해	36	文章
37	本文	38	始作	39	說明	40	問題
41	事實	42	展開	43	場所	44	傳記文
45	時代的	46	良心	47	飮福	48	在來
49	平等	50	順番	51	對局	52	手術
53	韓服	54	元日	55	雲海	56	거리 가
57	공 구	58	풍속 속	59	오를 등	60	들을 문
61	섬길 사	62	서로 상	63	자세할 정	64	벗 우
65	살필 찰	66	이를 조	67	줄 수	68	연고 고
69	반드시 필	70	살 활	71	이 치	72	아닐 미
73	깨우칠 경	74	털 모	75	부를 호	76	성할 성
77	구할 구	78	夫	79	溫	80	公
81	水分	82	讀者	83	人情	84	和
85	身	86	淸	87	終	88	合
89	念	90	自	91	敬	92	日
93	水(氵)	94	十	95	다시 요청함		
96	학문을 닦음			97	앞으로 잘되기를 비는 말		
98	団	99	気	100	战		

05 副賞(부상)▶(버금 부)(상줄 상)
: 본상(本賞)에 딸린 상금이나 상품.
→ 여기에서 '副'자는 '곁따르다'를 뜻한다.

08 斗護(두호)▶(말 두)(도울 호)
: 두둔(斗頓)하여 감싸주거나 보호함.
→ 여기에서 '斗'자는 '두둔하다 : 편들어 감싸 주거나 역성을 들어주다'를 뜻한다.

12 陰害(음해)▶(그늘 음)(해할 해)
: 몸을 드러내지 아니한 채 음흉하게 남을 해함.
→ 여기에서 '陰'자는 '가만히. 몰래'를 뜻한다.

16 申告(신고)▶(납 신)(고할 고) : 국민이 법령의 규정에 따라 행정 관청에 일정한 사실을 알림.
→ '申告'는 서로 비슷한 한자로 결합된 한자어로, 여기에서 '申'자는 '알리다, 진술(陳述)하다'를 뜻한다.

19 祭典(제전)▶(제사 제)(법 전)
: ① 제사의 의식 ② 사회적인 행사. 축전.
→ 여기에서 '典'자는 '의식(儀式)'을 뜻한다.

24 窓戶(창호)▶(창 창)(집 호)
: 창과 문을 아울러 이르는 말.
→ 여기에서 '戶'자는 '門의 반쪽을 본뜬 글자[戶]'로 '외짝문'을 뜻한다.

47 飮福(음복)▶(마실 음)(복 복)
→ 여기에서 '福'자는 '제사에 쓰는 고기와 술'을 뜻한다.

54 元日(원일)▶(으뜸 원)(날 일) → 여기에서 '元'자는 '첫째가 되는 해나 날'을 뜻한다.

90 地方自治(지방자치)
: '지방의 행정을 지방 주민이 선출한 기관을 통하여 처리하는 제도'를 이르는 말로, '(지방) 자치제', 또는 '(지방) 자치 제도'라고도 한다.

08회 예상문제 70쪽~72쪽

해설

01	기상	02	기관	03	단식	04	만족
05	조림	06	감금	07	고시	08	육친
09	절대	10	삼억	11	예배	12	동제
13	소제	14	직렬	15	적선	16	보은
17	확인	18	검산	19	벌칙	20	용량
21	보화	22	부차	23	안대	24	기압
25	현상	26	수난	27	고유	28	민속
29	고구려	30	벽화	31	경기	32	성행
33	신라	34	궁중	35	대접	36	以前
37	始作	38	部族	39	種目	40	朝鮮
41	時代	42	發展	43	王女	44	決定
45	飮食	46	無事	47	溫室	48	秋風
49	開校	50	各色	51	一家	52	同等
53	服用	54	金言	55	交信	56	기약할 기
57	갖출 구	58	힘쓸 노	59	칠 벌	60	그늘 음
61	맺을 약	62	기름 유	63	지경 경	64	뜻 지
65	여름 하	66	등 배	67	뿔 각	68	의원 의
69	끊을 절	70	찰 랭	71	참 진	72	고기잡을 어
73	재 성	74	시험 시	75	마루 종		
76	배 항	77	바랄 희	78	少	79	明
80	本	81	無用	82	人道	83	口號
84	果	85	情	86	永	87	朝
88	聞	89	東	90	私	91	相
92	爪	93	食	94	月		
95	수해를 막음			96	물결의 높이		
97	밤이 깊음			98	晝	99	盾
100	勞						

01 起床(기상)▸(일어날 기)(상 상)
: 잠자리에서 일어남. 기상(起牀).
→ '床'자는 쓰임이 같은 '牀'자의 속자(俗字 : 원래 글자보다 획을 줄이거나 아주 새로 만들어 세간에서 널리 쓰는 글자)이다.

02 器官(기관)▸(그릇 기)(벼슬 관) : 일정한 모양과 생리 기능을 가지고 있는 생물체의 부분.
→ 여기에서 '官'자는 '이목구비 등 사람의 기관. 관능(官能)'을 뜻한다.

09 絕對(절대)▸(끊을 절)(대할 대)
: ① 아무런 조건이나 제약이 붙지 아니함 ② 비교되거나 맞설 만한 것이 없음.
→ 여기에서 '絕'자는 '비할 데 없다'를 뜻한다.

10 參億(삼억)▸(석 삼)(억 억) : 만의 삼만 배.
→ '參'자는 뜻에 따라 '삼' 또는 '참'으로 읽고 적는다. 웹 參(석 삼. 참여할 참)

20 容量(용량)▸(얼굴 용)(헤아릴 량)
: 그릇 같은데 들어갈 수 있는 분량(分量).
→ 여기에서 '容'자는 '담다. 넣다'를 뜻한다.

22 副次(부차) : 근본적·중심적인 것에 비하여 부수적인 관계나 처지에 있는 것. 이차(二次).

27 固有(고유)▸(굳을 고)(있을 유)
: 본래부터 가지고 있는 특유한 것.
→ 여기에서 '固'자는 '원래, 본디'를 뜻한다.

53 服用(복용)▸(옷 복)(쓸 용) : 약을 먹음.
→ 여기에서 '服'자는 '약을 먹다'를 뜻한다.

54 金言(금언)▸(쇠 금)(말씀 언) : 삶에 본보기가 될 만한 내용을 담고 있는 짤막한 어구.
→ 비슷한 말로 '格言', '金石之言', '名言', '哲言' 등이 있다.

09회 예상문제　　73쪽~75쪽

01	파동	02	선혈	03	가상	04	이식
05	모포	06	빈한	07	제주	08	강구
09	태종	10	벌금	11	권세	12	포악
13	연임	14	응시	15	정밀	16	관직
17	궁성	18	조총	19	측량	20	무한
21	고결	22	기구	23	허영	24	참배
25	승인	26	통계	27	산타령	28	민요
29	과정	30	고난	31	창조	32	노력
33	논리	34	조심	35	태도	36	山村
37	農夫歌	38	生業	39	歷史的	40	平和
41	方法	42	一方的	43	反省	44	重要
45	全部	46	文化	47	感天	48	目前
49	意見	50	水平線	51	元老	52	多情
53	成長	54	代價	55	使者	56	깊을 심
57	머무를 류	58	제사 제	59	볼 시	60	구리 동
61	의논할 의	62	얻을 득	63	콩 두	64	재주 예
65	막을 장	66	놓을 방	67	이지러질 결		
68	장수 장	69	절 사	70	스승 사	71	맛 미
72	마실 흡	73	부자 부	74	가장 최	75	침노할 침
76	곱 배	77	연기 연	78	近	79	石
80	方	81	高手	82	育成	83	天命
84	身	85	思 / 念	86	服	87	金
88	風	89	少	90	福	91	良
92	丿	93	力	94	耳		
95	촌락 / 시골의 마을			96	사람들의 좋은 평판		
97	다시 발생함 / 다시 일어남					98	学
99	児	100	発				

해설 🎯

02 鮮血(선혈)▶(고울 선)(피　혈) : 생생한 피.
→ 여기에서 '鮮'자는 '깨끗하다. 신선하다'를 뜻한다.

12 暴惡(포악)▶(모질 포)(악할 악) : 사납고 악함.
→ '暴'자는 뜻에 따라 소리가 달라지는 글자이다.
참 暴(모질 포, 사나울 폭)

13 連任(연임)▶(이을 련)(맡길 임)
: 정해진 임기를 다 마친 뒤에, 계속하여 그 직위에 머무름.
예 회장직을 連任하다.

18 鳥銃(조총)▶(새　조)(총　총)
: ① 새총 ② 화약을 터뜨려 쏘는 구식총. 화승총(火繩銃).
→ '화승(火繩)'은 '대[竹]의 부드러운 속살을 꼬아, 불이 붙게 만든 노끈'을 말한다. 옛날에는 총열에 화약과 탄알을 재고 이 노끈에 불을 붙여 귀약통에 대어 폭발시켰다.

26 統計(통계)▶(거느릴 통)(셀　계)
: 한데 몰아서 어림잡아 계산함.
→ 여기에서 '統'자는 '합치다'를 뜻한다.

51 元老(원로)▶(으뜸 원)(늙을 로)
: ① 한 가지 일에 오래 종사하여 경험과 공로가 많은 사람 ② 나이, 벼슬, 덕망이 높은 벼슬아치.
→ 여기에서 '老'자는 '오래되다'를 뜻한다.

55 使者(사자)▶(하여금 사)(놈　자)
: 명령이나 부탁을 맡아서 심부름을 하는 사람.
→ 여기에서 '使'자는 '심부름하다'를 뜻한다.

10회 예상문제 76쪽~78쪽

01	진전	02	경쾌	03	재화	04	수양
05	기립	06	감방	07	영장	08	심도
09	유념	10	정련	11	직책	12	통제
13	미달	14	퇴출	15	공연	16	목양
17	점원	18	충절	19	연방	20	증축
21	이비	22	부덕	23	난대	24	독살
25	군중	26	혈압	27	傳記	28	特性
29	歷史	30	讀者	31	感動	32	小說
33	所重	34	格言	35	敎訓	36	使用
37	개인	38	양면	39	기록	40	진실
41	속담	42	일상	43	단어	44	밀접
45	창의	46	身命	47	作定	48	戰場
49	參見	50	愛國	51	木手	52	白米
53	衣食住	54	耳目	55	休火山	56	보배 보
57	볕 경	58	가난할 빈	59	끊을 절	60	대 죽
61	둘 치	62	닦을 수	63	주일 주	64	길 정
65	막을 방	66	벌레 충	67	풀 해	68	하 위
69	집 궁	70	대포 포	71	조사할 사	72	무리 대
73	법칙 률	74	홑 단	75	병사 병	76	은혜 혜
77	자리 위	78	當, 登, 入				
79	弟	80	發	81	勇氣	82	校庭
83	角度	84	音	85	法	86	朴
87	九	88	高	89	淸	90	利
91	心	92	寸	93	雨	94	穴
95	어떤 대상에 이름을 지어 붙임	96	이해 관계를 따져 셈함				
97	햇빛	98	旧	99	対	100	団

해설

04 收養(수양)▶(거둘 수)(기를 양)
: 다른 사람의 자식을 맡아서 제 자식처럼 기름.
→ '修養(수양 : 몸과 마음을 갈고닦아 품성이나 지식, 도덕 따위를 기름)'과 소리는 같으나 뜻이 다름에 주의해야 한다.

07 令狀(영장)▶(하여금 령)(문서 장)
: 명령에 의하여 강제 처분하라고 내주는 문서.
→ 여기에서 '令'자는 '명령하다'를 뜻한다.

15 公演(공연)▶(공평할 공)(펼 연) : 음악, 무용, 연극 따위를 여러 사람 앞에서 보이는 일.
→ 여기에서 '公'자는 '여럿'을 뜻하고, '演'자는 '재주를 실지로 행하다'를 뜻한다.

19 連放(연방)▶(이을 련)(놓을 방) : 총이나 대포, 화살 따위를 잇달아 쏨. 연발(連發).

21 理非(이비)▶(다스릴 리)(아닐 비)
: 옳고 그름. 시비(是非).
→ 여기에서 '理'자는 '도리(道理)'를 뜻한다.

46 身命(신명)▶(몸 신)(목숨 명) : 몸과 목숨.
→ 소리는 같으나 뜻이 다른 '神明(신명 : 신령스럽고 이치에 밝다. – 天地神明)'과 순우리말 '신명(흥겨운 신이나 멋)'을 구별해야 한다.

51 木手(목수)▶(나무 목)(손 수)
: 나무를 다루어 집을 짓거나 가구 따위를 만드는 일로 업을 삼는 사람.
→ 여기에서 '手'자는 '그것을 직업으로 하는 사람'을 뜻하는 접미사이다.

83 各道(각도)▶(각각 각)(길 도)
: 각각의 행정구역인 '道'를 뜻하는 말.
참 경기도, 강원도, 충청도 등

95 命名(명명)▶(목숨 명)(이름 명) → 여기에서 '命'자는 '이름짓다, 이름을 붙이다'를 뜻한다.

11회 예상문제 79쪽~81쪽

해설

01	인화	02	흉악	03	진가	04	상태
05	확정	06	회복	07	상가	08	청구
09	단오	10	양원	11	명맥	12	절벽
13	역광	14	지령	15	연구	16	향배
17	접전	18	경주	19	수혜	20	계쟁
21	수액	22	상벌	23	청순	24	결항
25	지극	26	제보	27	堂堂	28	發明家
29	電信會社	30	家庭	31	書/畵(畫)	32	當時
33	區別	34	山水圖	35	靑少年	36	고장
37	직접	38	녹음	39	현모	40	신사임당
41	정도	42	소질	43	무한	44	가능성
45	열심	46	筆記	47	相對	48	宅地
49	語調	50	史實	51	種子	52	士氣
53	風樂	54	自責	55	先着	56	지을 조
57	등 등	58	시험 험	59	가늘 세	60	금할 금
61	화할 협	62	글귀 구	63	양 양	64	특별할 특
65	베풀 시	66	고울 선	67	이를 도	68	이를 치
69	쾌할 쾌	70	거둘 수	71	칠 목	72	물건 품
73	경사 경	74	들 거	75	쌀 포	76	지경 계
77	끌 인	78	善/愛	79	班	80	正
81	同化	82	人命	83	苦戰	84	算
85	去	86	道	87	團	88	勢
89	人	90	低	91	成	92	竹
93	土	94	穴	95	자기와 남 / 자신과 타인
96	인생의 마지막 무렵 / 늘그막						
97	가장 잘하는 재주 / 특기						
98	来	99	価	100	医		

02 凶惡(흉악)▶(흉할 흉)(악할 악)
: ① 성질이 악하고 모짊 ② 모습이 보기에 고약함.
→ '惡'자는 뜻에 따라 소리가 달라지는 글자이다.
참 惡(악할 악, 미워할 오)

03 眞假(진가)▶(참 진)(거짓 가) : 진짜와 가짜.
→ '眞假'는 서로 뜻이 상대(반대)되는 한자로 결합된 한자어이다.
참 16. 向背 22. 賞罰.

06 回復(회복)▶(돌아올 회)(회복할 복)
: 원래의 상태를 되찾거나 원래의 상태로 되돌림.
→ 여기에서 '復'자는 뜻에 따라 소리가 달라지는 글자이다.
참 復(회복할 복, 다시 부)

10 兩院(양원)▶(두 량)(집 원)
: 이원제로 구성된 국회의 두 의원. 미국의 '상원과 하원', 일본의 '참의원과 중의원' 등을 이르는 말.

16 向背(향배)▶(향할 향)(등 배)
: '사물의 상태나 되어 가는 추세' 또는 '따르는 것과 등지는 것'을 이르는 말.

20 係爭(계쟁)▶(맬 계)(다툴 쟁)
: 어떤 목적물에 대한 권리를 얻기 위하여 당사자끼리 법적으로 다툼.

26 提報(제보)▶(끌 제)(갚을 보) : 정보를 제공함.
→ 여기에서 '提'자는 '제시하다'를 뜻한다.

38 錄音(녹음)▶(기록할 록)(소리 음)
: 소리를 기록함.
→ '錄'자는 본음이 '록'이나 여기에서는 두음법칙에 의해 '녹'으로 읽고 적는다.

12회 예상문제　82쪽~84쪽

해설

01	세밀	02	시인	03	매표	04	율조
05	직접	06	웅비	07	가로	08	방목
09	악사	10	보고	11	주파	12	고소
13	서열	14	교제	15	수억	16	성좌
17	감사	18	시력	19	흑연	20	은혜
21	협상	22	죽도	23	총무	24	호응
25	건축	26	경계	27	銀行	28	利子
29	利用	30	發展	31	活動	32	重要
33	行事	34	外國	35	使臣	36	소득
37	저축	38	경제	39	공연	40	문예
41	단원	42	무료	43	수익금	44	전달
45	경복궁	46	不參	47	才能	48	來週
49	雲集	50	校庭	51	苦戰	52	客地
53	信號	54	産物	55	友愛	56	지탱할 지
57	정성 성	58	손 객	59	아닐 비	60	펼 연
61	보낼 송	62	박달나무 단			63	옳을 의
64	베풀 설	65	비 우	66	채울 충	67	집 사
68	낱 개	69	익힐 련	70	곳 처	71	부을 주
72	과녁 적	73	재물 화	74	그칠 지	75	더울 열
76	본받을 효	77	직분 직	78	文	79	凶
80	來	81	正午	82	養家	83	洗手
84	身	85	兵	86	幸	87	大
88	化	89	術	90	信	91	老
92	木	93	水	94	目		
95	여행의 과정이나 일정			96	고향을 잃음		
97	어제 아침	98	昼	99	読	100	伝

02 是認(시인)▶(이　시)(알　인)
: 내용이나 사실이 옳거나 그러하다고 인정함.
→ 여기에서 '是'자는 '옳다'를 뜻한다.

04 律調(율조)▶(법칙 률)(고를 조)
: 높낮이와 길고 짧은 리듬을 지닌 소리의 흐름.
→ '律'자는 대표 음이 '률'이나 여기에서는 두음
법칙에 의해 '율'로 읽고 적는다.

06 雄飛(웅비)▶(수컷 웅)(날　비)
: 기운차고 용기 있게 활동함.
→ 여기에서 '雄'자는 '씩씩하다'를 뜻한다.

08 放牧(방목)▶(놓을 방)(칠　목)
: 가축을 놓아 기르는 일.
→ '牧'자의 뜻인 '치다'는 '가축이나 가금 따위를
기르다'를 뜻한다.

09 樂師(악사)▶(노래 악)(스승 사) : 조선 시대에 주
악(奏樂)을 맡아보던 벼슬, 또는 그 벼슬아치.
→ 소리는 같으나 뜻이 다른 '樂士(악사 : 기악을
연주하는 일을 직업으로 하는 사람)'와 구별해야
한다.

12 苦笑(고소)▶(쓸　고)(웃음 소) : 아니꼽거나 불
만스러워서 마지못해 짓는 웃음. 쓴웃음.

21 協商(협상)▶(화할 협)(장사 상) : 공동의 문제를
해결하기 위하여 여럿이 서로 의논함.
→ 여기에서 '商'자는 '상의(商議)하다'를 뜻한다.

83 歲首(세수)▶(해　세)(머리 수)
: 한 해의 처음 또는 한 해의 첫 달.

90 自信滿滿(자신만만)▶(스스로　자)(믿을　신)(찰
만)(찰　만) : 매우 자신이 있다.
→ 自信(자신) : 어떤 일을 해낼 수 있다거나 일이
꼭 그렇게 되리라고 스스로 굳게 믿음.

13회 예상문제　　85쪽~87쪽

01	착상	02	특권	03	담임	04	과객
05	보고	06	제설	07	세포	08	여념
09	증감	10	관세	11	폭거	12	비준
13	사상	14	연속	15	녹음	16	정치
17	논제	18	축재	19	본사	20	호흡
21	감찰	22	북두	23	인출	24	침공
25	회수	26	박식	27	空中	28	到着
29	待合室	30	宿所	31	說明書	32	歷史
33	時代別	34	實感	35	當時	36	高度
37	文明	38	안내방송	39	가전제품	40	전시
41	원시인	42	복구	43	교통량	44	음성
45	영상	46	自生	47	信奉	48	見學
49	同化	50	開發	51	雨天	52	線路
53	風雲	54	失效	55	性急	56	납 신
57	이을 승	58	재주 재	59	영화 영	60	극진할 극
61	끝 단	62	빌 허	63	기를 육	64	뜻 정
65	생각 사	66	으뜸 원	67	무리 류	68	빽빽할 밀
69	찾을 방	70	무리 당	71	방 방	72	살 매
73	옳을 가	74	굳을 확	75	낮을 저	76	붉을 적
77	끊을 단	78	果	79	京	80	集
81	失手	82	時計	83	水道	84	具
85	川	86	圖	87	德	88	身
89	今	90	電	91	目	92	日
93	巾	94	月	95	허락하고 용납함 / 허락하여 너그럽게 받아들임		
96	당선과 낙선						
97	쉽게 이김 / 힘들이지 않고 쉽게 이김			98	覌		
99	号	100	国				

해설

04 過客(과객)▶(지날 과)(손 객) : 지나가는 나그네.
참 科客(과객)▶(과목 과)(손 객) : 과거(科擧)를 보러 오거나 보고 돌아가는 선비.

12 比準(비준)▶(견줄 비)(준할 준)
: 둘 이상인 대상의 내용을 맞대어 같고 다름을 견주어 봄. 대조(對照).
→ '準'자의 뜻인 '준하다'는 '어떤 본보기에 비추어 그대로 좇다'를 뜻한다.

22 北斗(북두)▶(북녘 북)(말 두) : 북두칠성.
→ '斗'자의 뜻인 '말'은 '곡식, 액체, 가루 따위의 부피를 재는 단위'를 뜻하는데, 여기에서는 '별이름'을 뜻한다.

26 博識(박식)▶(넓을 박)(알 식)
: 지식이 넓고 아는 것이 많음.
→ '識'자는 쓰임에 따라 뜻과 소리가 달라지는 글자이다. '알다'를 뜻할 때에는 '식'으로, '기록하다'를 뜻할 때에는 '지'로 읽는다.

45 領相(영상)▶(거느릴 령)(서로 상) : 영의정.
→ 여기에서 '相'자는 '정승(政丞). 대신(大臣). 장관(長官)'을 뜻한다.

54 失效(실효)▶(잃을 실)(본받을 효) : 효력을 잃음.
참 實效(실효)▶(열매 실)(본받을 효) : 실제의 효력(效力).

56 '申(납 신)'자의 뜻인 '납'은 '원숭이'를 이르는 옛말이다.

59 '榮(영화 영)'자의 뜻인 '영화(榮華)'는 '권력과 부귀를 누리며 이름이 세상에 빛남'을 뜻한다.

82 視界(시계)▶(볼 시)(지경 계)
: 눈으로 볼 수 있는 범위. '視野'와 쓰임이 비슷함.

해설

01	경주	02	太陽光	03	自動車	04	선도
05	地方	06	反面	07	溫度	08	野生花
09	시기	10	계절	11	人類	12	望遠
13	發明	14	天體	15	관측	16	경험
17	공연	18	世代	19	重大	20	임무
21	행복	22	원예	23	준비	24	회복
25	형태	26	축포	27	무시	28	금연
29	소독	30	쇄도	31	외화	32	의결
33	미달	34	총력	35	제압	36	담소
37	은혜	38	청소	39	방위	40	연결
41	휴식	42	가요	43	보조	44	근처
45	상식	46	지킬 보	47	도장 인	48	줄기 맥
49	칠 벌	50	띠 대	51	이을 속	52	깨뜨릴 파
53	할 위	54	등 등	55	끊을 단	56	무리 중
57	슬플 비	58	충성 충	59	같을 여	60	이를 지
61	높을 존	62	힘쓸 노	63	참 진	64	눈 안
65	머무를 류	66	밭 전	67	칠 목	68	變化
69	基金	70	練習	71	功勞	72	急流
73	約束	74	關門	75	家具	76	敬老
77	日課	78	西	79	友	80	實
81	戰	82	言	83	出	84	京
85	弟	86	育	87	川	88	充
89	事	90	江	91	算	92	旧
93	伝	94	団	95	儿	96	雨
97	心	98	밤이 깊음	99	베끼어 씀	100	고기잡이 배

10 季節(계절)▶(계절 계)(마디 절) : 일 년을 봄, 여름, 가을, 겨울의 네 계절로 나눈 것.
→ 여기에서 '節'자는 '철, 절기(節氣)'를 뜻한다.

22 園藝(원예)▶(동산 원)(재주 예) : 채소, 과일, 화초 따위를 심어서 가꾸는 일이나 기술.
→ 여기에서 '藝'자는 '심다'를 뜻한다.

30 殺到(쇄도)▶(감할 쇄)(이를 도)
: ① 주문 따위가 한꺼번에 세차게 몰려듦 ② 어떤 곳을 향하여 세차게 달려듦.
→ '殺'자는 쓰임에 따라 뜻과 소리가 달라지는 글자이다.
참 殺(죽일 살, 감할 쇄, 빠를 쇄)

33 未達(미달)▶(아닐 미)(통달할 달)
: 어떤 한도에 이르거나 미치지 못함.
→ 여기에서 '未'자는 '아직 ~ 하지 못하다'를 뜻하고, '達'자는 '이르다, 도달하다'를 뜻한다.

69 基金(기금)▶(터 기)(쇠 금)
: 어떤 목적이나 사업, 행사 따위에 쓸 기본적인 자금 또는 기초가 되는 자금.
→ 여기에서 '基'자는 '기초(基礎), 근본(根本)'을 뜻한다.

74 關門(관문)▶(관계할 관)(문 문)
: ① 국경이나 요새의 성문 ② 드나들기 위하여 반드시 거쳐야 하는 길목.
→ 여기에서 '關'자는 '관문'을 뜻한다.

02회　기출·예상문제　122쪽~124쪽

해설

01	전통	02	文化	03	民族	04	共有
05	代代	06	獨特	07	代表	08	基本
09	협상	10	開始	11	사건	12	責任
13	所在	14	논란	15	청동기	16	發明
17	産業	18	人類	19	歷史	20	창조
21	타악기	22	作曲家	23	조율	24	和音
25	희망	26	확인	27	취재	28	축복
29	기간	30	속담	31	치과	32	의원
33	적군	34	소등	35	은사	36	완치
37	이해	38	남극	39	후진	40	신고
41	송별	42	안목	43	벌금	44	양모
45	건축	46	오자	47	암실	48	살필 찰
49	찰 만	50	웃음 소	51	코 비	52	순수할 순
53	생각 념	54	어질 현	55	콩 두	56	하/할 위
57	박달나무 단			58	벽 벽	59	힘쓸 무
60	등 배	61	연기 연	62	좋을 호	63	보배 보
64	낱 개	65	별 성	66	따뜻할 난	67	재앙 재
68	떨어질 락	69	가늘 세	70	農村	71	氣溫
72	廣場	73	使命	74	成果	75	交流
76	性品	77	注意	78	愛	79	陸
80	知	81	惡	82	式	83	重
84	勝	85	夜	86	具	87	休
88	朴	89	身	90	子	91	高
92	体	93	価	94	変	95	木
96	貝	97	竹	98	집	99	깊은 바다
100	가을바람						

01 傳統(전통)▶(전할 전)(거느릴 통)
: 지난 시대에 이미 이루어져 계통을 이루며 전하여 내려오는 사상·관습·행동 따위의 양식.
→ 여기에서 '統'자는 '계통(系統)'을 뜻한다.

14 論難(논란)▶(논할 론)(어려울 난)
: 여럿이 서로 다른 주장을 하며 다툼.
→ 여기에서 '論'자는 두음법칙에 따라 '논'으로 적는다. '難'자는 본음이 '난'이나 여기에서는 속음인 '란'으로 읽고 석는다.

26 確認(확인)▶(굳을 확)(알　인)
: 틀림없이 그러한가를 알아보거나 인정함.
→ 여기에서 '確'자는 '틀림없이'를 뜻한다.

41 送別(송별)▶(보낼 송)(다를 별)
: 떠나는 사람을 이별하여 보냄.
→ 여기에서 '別'자는 '이별(離別)'을 뜻한다.

79 水陸兩用(수륙양용)
: 물 위에서나 땅 위에서나 두루 쓸 수 있는 것.
→ '수륙(水陸)'과 '兩用(양용)'의 합성어이므로 '량(兩)'자는 두음법칙에 따라 '양'으로 적는다.

80 溫故知新(온고지신)
: 옛것을 익히고 그것을 미루어서 새것을 앎.
→ 여기에서 '溫'자는 '익히다'를 뜻한다.

81 凶惡無道(흉악무도)
: 성질이 거칠고 사나우며 도의심이 없음.
→ 여기에서 '道'자는 '도의심(道義心 : 도덕적 의리를 소중히 여기는 마음)'을 뜻한다.

88 素朴(소박)하다▶(본디 소)(성　박)
: 꾸밈이나 거짓이 없고 수수하다.
→ 여기에서 '素'자와 '朴'자는 '질박하다, 순박하다'를 뜻한다.

03회 기출·예상문제   125쪽~127쪽

01	항해	02	직업	03	명쾌	04	경찰
05	득실	06	양변	07	파산	08	한계
09	명창	10	강단	11	부귀	12	운우
13	축성	14	은혜	15	지적	16	조련
17	정성	18	존경	19	만개	20	축포
21	보복	22	객석	23	취소	24	기록
25	시설	26	경주	27	비용	28	희망
29	확보	30	임원	31	지불	32	한란
33	태도	34	처벌	35	총기	36	물러날 퇴
37	구원할 구	38	충성 충	39	얼굴 용	40	거짓 가
41	보배 보	42	들 야	43	부를 호	44	도장 인
45	재주 예	46	쉴 식	47	닦을 수	48	어두울 암
49	넓을 박	50	인도할 도	51	이를 조	52	다스릴 치
53	스승 사	54	힘쓸 무	55	어려울 난	56	끊을 절
57	나아갈 진	58	特質	59	直線	60	體育
61	約束	62	所聞	63	通過	64	自然
65	廣場	66	朝鮮	67	信念	68	病室
69	商店	70	品格	71	休日	72	觀光
73	感情	74	藥局	75	敎科書	76	晝夜
77	風化	78	言	79	弱	80	功
81	德	82	傳	83	少 / 幼	84	惡
85	樂	86	目	87	計	88	服 / 裳
89	高	90	告	91	臣	92	刀(刂)
93	竹	94	火	95	価	96	画
97	参	98	손으로 만듦				
99	힘(과 마음)을 합함			100	기름밭 / 석유가 나오는 땅		

해설

05 得失(득실)▶(얻을 득)(잃을 실)
: ① 얻음과 잃음 ② 이익과 손해 ③ 성공과 실패.
→ '得失'은 서로 뜻이 상대(반대)되는 한자로 결합된 한자어이다. 참 32. 寒暖

12 雲雨(운우)▶(구름 운)(비   우)
: ① 구름과 비 ② 두터운 혜택이나 덕택.

14 恩惠(은혜)▶(은혜 은)(은혜 혜)
: 고맙게 베풀어 주는 신세나 혜택.
→ '恩惠'는 서로 뜻이 비슷한 한자로 결합된 한자어이다.
참 24. 記錄 25. 施設 27. 費用 28. 希望

20 祝砲(축포)▶(빌   축)(대포 포)
: 축하하는 뜻을 나타내기 위해 쓰는 공포(空砲).

21 報復(보복)▶(갚을 보)(회복할 복)
: 남에게 받은 해를 되돌려 줌. 앙갚음.
→ '復'자는 뜻에 따라 소리가 달라지는 글자이다.
참 復(회복할 복, 다시 부)

31 支佛(지불)▶(지탱할 지)(부처 불)
: 부처의 가르침에 기대지 않고 스스로 도를 깨달은 성자(聖者). 연각(緣覺).
참 지불(支拂) : 지급(支給). 돈을 내어 줌 또는 값을 치름.

32 寒暖(한란)▶(찰   한)(따뜻할 난) : 추움과 따뜻함.
→ '暖'자는 본음이 '난'이나 여기에서는 속음인 '란'으로 읽고 적는다.

59 直線的(직선적)▶(곧을 직)(줄   선)(과녁 적)
: 꾸미거나 숨기거나 하지 않고 곧바로 하는 것.

82 以心傳心(이신전심)
: '마음과 마음으로 서로 뜻이 통한다.'는 말로, 불교의 법통을 계승할 때에 쓰였던 말.

04회 기출·예상문제　128쪽~130쪽

해설

01	건설	02	주입	03	영재	04	최초
05	염두	06	야경	07	가곡	08	설원
09	부부	10	논리	11	방목	12	만원
13	개인	14	고성	15	상품	16	벌칙
17	사진	18	건강	19	법률	20	단식
21	농사	22	어족	23	선주	24	연구
25	낙선	26	물건	27	담화	28	경기
29	방수	30	증가	31	재수	32	다복
33	명령	34	약자	35	등록	36	날 비
37	자리 석	38	눈 안	39	벼슬 관	40	굳을 고
41	지을 조	42	띠 대	43	찰 랭	44	아닐 미
45	덜 감	46	홀로 독	47	부처 불	48	항구 항
49	기를 양	50	수컷 웅	51	끊을 단	52	어제 작
53	물결 파	54	달릴 주	55	살 매	56	흐를 류
57	섬 도	58	每週	59	客室	60	樂園
61	番地	62	車線	63	旅行	64	孫子
65	産業	66	利害	67	目的	68	太陽
69	夏服	70	洗足	71	海洋	72	兒童
73	別種	74	植樹	75	住宅	76	充實
77	說明	78	良	79	親	80	具
81	知	82	書	83	使	84	死
85	弟	86	卒 / 士	87	空	88	界
89	信	90	過	91	感	92	示
93	頁	94	言	95	広	96	医
97	号	98	노인을 공경함				
99	앞으로 나아감			100	이름을 고침(바꿈)		

05 念頭(염두)▶(생각 념)(머리 두)
: ① 생각의 시초. ② 마음속.
→ 여기에서 '頭'자는 '처음. 시초(始初)'를 뜻한다.

07 歌曲(가곡)▶(노래 가)(굽을 곡)
: ① 우리나라 전통 성악곡의 하나 ② (서양 음악에서) 시에 곡을 붙인 성악곡.
→ 여기에서 '曲'자는 '악곡(樂曲)'을 뜻한다.

22 魚族(어족)▶(고기 어)(겨레 족) : 어류(魚類).
참 어족(語族) : 계통상 하나로 묶이는 언어의 종족. 알타이 어족. 인도·유럽 어족 등.

30 增價(증가)▶(더할 증)(값　가)
: 값이 오름 또는 값을 올림.
참 증가(增加) : 양이나 수치가 늚.

31 再修(재수)▶(두　재)(닦을 수)
: 한 번 배웠던 학과 과정을 다시 배움.
참 재수(財數) : 재물이 생기거나 좋은 일이 있을 운수(運數).

66 利害(이해)▶(이할 리)(해할 해) : 이익과 손해.
→ '利'자의 뜻인 '이할'은 '이하다'는 말로, '이익이나 이득이 되다'를 뜻한다.
→ '利害'는 서로 뜻이 상대(반대)되는 한자로 결합된 한자어이다.

75 住宅(주택)▶(살　주)(집　택) → '宅'자는 남의 집이나 가정'을 높여서 말할 때에는 '댁'으로 읽고, '집'을 뜻할 때에는 '택'으로 읽는다.

95~97 약자(略字)는 '醫'자나 '號'자처럼 본디의 글자에서 일부만을 취하여 쓰는 경우도 있지만 '廣'자처럼 글자의 부분을 변형하여 쓰는 경우도 있다. '廣'자는 '广(엄)'자와 '黃(황)'자를 결합하여 만든 글자로, '黃'자를 'ム'자로 변형한 것이다.

05회 기출·예상문제   131쪽~133쪽

01	양식	02	음양	03	매수	04	낙마
05	기법	06	나열	07	심야	08	목장
09	불교	10	항도	11	암실	12	순결
13	두목	14	여정	15	배반	16	예식
17	작품	18	장군	19	체육	20	빈부
21	과속	22	제조	23	구단	24	거래
25	총선	26	사상	27	안내	28	벌금
29	상장	30	간접	31	종부	32	난방
33	군수	34	빙원	35	밀림	36	구리 동
37	거느릴 통	38	낱 개	39	새 조	40	풀 해
41	터 기	42	낮 주	43	성할 성	44	보낼 송
45	고울 려	46	누를 압	47	청할 청	48	다툴 경
49	두 량	50	멜 담	51	바탕 질	52	옮길 이
53	연기 연	54	칠 타	55	끝 단	56	빛날 요
57	붙을 착	58	溫度	59	藥材	60	性格
61	友情	62	開校	63	班長	64	放學
65	祖上	66	觀客	67	信任	68	洗筆
69	幸運	70	首席	71	舊習	72	敬老
73	民族	74	多福	75	成事	76	愛情
77	表現	78	風	79	食	80	感
81	見	82	面	83	近	84	京
85	重	86	獨	87	監 / 檢 / 觀 / 査 / 省		
88	望, 願	89	話	90	化	91	聞
92	児	93	発	94	実	95	行
96	日	97	止	98	인원을 줄임		
99	슬픈 소식	100	물이 가득 참				

해설

02 陰陽(음양)▶(그늘 음)(볕 양) : 우주 만물을 만들어 내는 상반된 성질의 두 가지 기운.
→ 서로 뜻이 상대(반대)되는 한자로 결합된 한자어이다. 참 20. 貧富 24. 去來

06 羅列(나열)▶(벌릴 라)(벌릴 렬) : ①죽 벌여 놓음 또는 죽 벌여 있음 ②나란히 줄을 지음.
→ '列'자는 본음이 '렬'이나 '모음'이나 'ㄴ' 받침 뒤에 이어지는 '렬, 률'은 '열, 율'로 적는다.

13 頭目(두목)▶(머리 두)(눈 목)
: ①패거리의 우두머리 ②예전에, 중국 사신을 따라 무역을 목적으로 온 북경 상인.
→ 여기에서 '目'자는 '우두머리'를 뜻한다.

29 賞狀(상장)▶(상줄 상)(문서 장)
: 칭찬의 뜻을 표하여 주는 증서(證書).
→ '狀'자는 뜻에 따라 소리가 달라지는 글자이다.
참 狀(형상 상, 문서 장)

30 間接(간접)▶(사이 간)(이을 접)
: 바로 대하지 않고 중간에 사람이나 사물 따위를 통하여 맺어지는 관계.
→ 여기에서 '間'자는 '사이에 두다'를 뜻한다.

31 宗婦(종부)▶(마루 종)(며느리 부) : 종자(宗子)나 종손(宗孫)의 아내. 종가(宗家)의 맏며느리.
→ 여기에서 '宗'자는 '시조(始祖)의 적장자(嫡長子)'를 뜻한다.

90 講和(강화)▶(욀 강)(화할 화) : 싸우던 두 편이 싸움을 그치고 평화로운 상태가 됨.
→ 여기에서 '講'자는 '화해하다'를 뜻한다.

99 悲報(비보)▶(슬플 비)(갚을 보)
: 슬픈 기별(奇別)이나 소식(消息).
→ 여기에서 '報'자는 '알림. 통지'를 뜻한다.

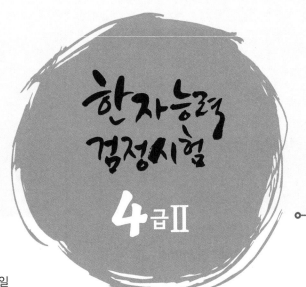

한자능력
검정시험

4급 II

- **인　쇄**・2024년 2월 5일
- **발　행**・2024년 2월 10일

- **엮은이**・원 기 춘
- **발행인**・최 현 동
- **발행처**・신 지 원

저자와의
협의하에
인지 생략

- **주　소**・07532
　　　　서울특별시 강서구 양천로 551-17, 813호(가양동, 한화비즈메트로 1차)

- **T E L**・(02) 2013-8080~1
　F A X・(02) 2013-8090
- **등　록**・제16-1242호
- **교재구입문의**・(02) 2013-8080~1

정가 15,000원

ISBN 979-11-6633-395-8 15710